기저 질환이 있는 아이들은
반드시 주치의 선생님과 상의하세요!

차례

들어가는 말 -- 006
이 책 활용 방법 -- 007

PART 0. 정상 바이탈
이상 신호를 알아차리려면, 평소 모습을 기억하세요 -- 011

PART 1. 호흡기계
우리 아이의 호흡기계, 어떻게 작동할까? -- 018
재채기를 하고 콧물이 나와요 -- 021
기침을 해요 -- 026
호흡이 이상해요 -- 031

PART 2. 심장
우리 아이의 심장, 어떻게 작동할까? -- 040
개에서 가장 흔한 심장병, 승모판 폐쇄부전증 -- 041
고양이에서 가장 흔한 심장병, 비대성 심근병증 -- 044

PART 3. 비뇨기계

우리 아이의 비뇨기계, 어떻게 작동할까? -- 052

배뇨를 힘들어해요 -- 055

우리 아이 소변색이 이상해요 -- 060

자는데 소변이 새요 -- 065

소변을 많이 봐요 -- 069

PART 4. 소화기계

우리 아이의 소화기관, 어떻게 작동할까? -- 078

요즘 밥을 잘 안 먹어요 -- 082

밥을 먹어도 계속 배고파해요 -- 088

반복적으로 구토를 해요 -- 094

우리 아이 변이 평소와 달라요 -- 100

변을 보는데 힘들어해요 -- 106

우리 아이 배가 빵빵해요 -- 112

침을 많이 흘리고, 밥을 잘 못 삼켜요 -- 117

PART 5. 신경계, 근골격계

우리 아이의 신경계, 근골격계, 어떻게 작동할까? -- 126

걸음걸이가 이상해요 -- 129

발작을 해요 -- 135

한쪽으로 고개를 기울여요 -- 141

PART 6. 생식기계

우리 아이의 생식기계, 어떻게 작동할까? -- 150

암컷 생식기에서 분비물이 나와요 -- 153

음경이나 고환이 부었어요 -- 158

유두에서 분비물이 나오고, 주변에서 덩어리가 만져져요 -- 163

PART 7. 전신증상

체중이 자꾸 감소해요 -- 171

체중이 갑자기 늘었어요 -- 175

열이 나는 것 같아요 -- 179

평소보다 기운이 없어요 -- 184

입에서 냄새가 나요 -- 189

PART 8. 눈과 귀

우리 아이 눈과 귀, 어떻게 작동할까? -- 198

눈곱과 눈물이 많아졌어요 -- 201

눈을 찡그리고 잘 못 떠요 -- 206

걷다가 벽에 자꾸 부딪혀요 -- 210

귀가 불편해 보여요 -- 214

PART 9. 피부

우리 아이의 피부, 어떻게 작동할까? -- 224

피부를 자꾸 긁고 핥아요 -- 227

털이 너무 많이 빠져요 -- 232

피부에 멍이 생겼어요 -- 237

몸에 혹이 만져져요 -- 242

들어가는 말

반려동물과 함께하는 하루하루는 무척 따뜻하고 소중하지요. 하지만 그 소중한 만큼 걱정을 할 만한 상황도 많이 뒤따라 오지요. "이거 괜찮은 걸까?", "혹시 병원에 가야 할까?" 작은 변화 하나에도 가슴이 철렁하고, 혹시라도 아이가 아픈 건 아닐까 마음이 바빠지는 순간들— 수의사이기도 하지만 고양이 2마리를 키우는 보호자의 마음도 느끼고 있기에 그 마음을 누구보다 잘 알고 있어요.

이 책은 수의사로서 직접 마주했던 수많은 아이와 보호자님의 이야기에서 시작되었어요. 말 대신 몸으로 신호를 보내는 아이들, 그 조용한 속삭임을 보호자님이 조금 더 빨리, 조금 더 정확하게 알아차릴 수 있도록 돕고 싶었어요.

병원에 가야 하는 순간을 알려주는 든든한 나침반이 되어주기를, 또는 괜찮다는 따뜻한 위로가 되어주기를 바라는 마음을 꾹꾹 눌러 담아 이 책을 건넵니다. 아무리 작은 변화라도 결코 가볍게 느끼지 않는 당신의 마음에, 수의사의 마음을 포개어 함께 걱정하고, 함께 안심할 수 있기를 바랍니다.

이 책의 활용 방법

이 책은 눈에 보이는 증상을 중심으로 구성되어 있어요. "식욕이 없어요", "한쪽으로 고개를 기울여요", "피부를 자꾸 긁어요"처럼 보호자님이 일상 속에서 느낄 수 있는 변화를 바탕으로 내용을 정리했어요.

각 항목은 다음과 같은 흐름으로 안내됩니다:
- 즉시 병원에 가야 하는 응급 징후
- 정상적인 변화와 병적인 신호를 구분하는 방법
- 해당 증상과 관련된 원인들
- 병원에 가기 전, 보호자가 체크해볼 수 있는 것들
- 병원에서의 진단과 치료는 어떻게 이루어지는지

무엇보다 "이럴 땐 얼마나 지켜봐도 괜찮을까?", "이 증상이 위험 신호라면 어떤 모습일까?" 같은 질문에 조금이라도 더 명확한 답을 드릴 수 있도록, 보호자님의 시선에서 접근했어요.

책은 꼭 처음부터 정독하지 않으셔도 괜찮아요. 아이에게 갑작스러운 변화가 느껴질 때, 그에 해당하는 증상 항목부터 바로 펼쳐보셔도 돼요. 다만, 각 장의 '즉시 병원에 가야 하는 응급 증상'과 '주의해서 관찰해야 할 증상'은 꼭 함께 읽어주세요. 또한 아이에게 여러 증상이 동시에 보일 땐, 서로 관련된 항목들을 함께 참고하시는 것을 권해드려요.

이 책이 언제 어디서든 아이의 몸이 보내는 신호를 더 잘 이해하고 돌볼 수 있도록 도와주는, 당신 곁의 작은 수의사 같은 존재가 되어주기를 바랍니다.

PART 0
정상 바이탈

이상 신호를 알아차리려면, 평소 모습을 기억하세요

강아지와 고양이는 말을 할 수 없기 때문에 보호자가 아이들의 몸짓과 표정을 세심하게 살펴보는 것이 정말 중요해요. 그러기 위해서는 평소 아이들의 건강한 모습과 행동을 잘 기억해 두는 것이 필요하답니다. 평소 상태를 잘 알고 있다면, 작은 이상 신호도 누구보다 빨리 알아차릴 수 있어요.

1. 기본 활력 징후

체온은 항문을 통해서 측정하는 것이 가장 정확하며, 강아지 는 37.5-39.2도, 고양이는 38-39.2도 사이가 정상이에요.
맥박은 허벅지 안쪽 대퇴동맥이나 가슴 부위를 손으로 가볍 게 만진 뒤, 15초 동안 뛰는 횟수를 세고 4를 곱하면 1분당 맥박 수를 알 수 있어요. 소형견은 100-160회/분, 대형견은 60-100회/분, 고양이는 140-220회/분 정도가 일반적이에요. 품종과 체격에 따라 차이가 있을 수 있어요.
호흡수는 아이가 편안히 쉬거나 잘 때 옆구리나 배의 움직 임을 관찰하며, 15초 동안 숨 쉬는 횟수를 세고 4를 곱해 계산해요. 강아지는 15-30회/분, 고양이는 20-30회/분이 정상이에요.

2. 신체 상태

점수	설명
1점	매우 마른 상태. 갈비뼈, 척추, 골반뼈가 눈으로 뚜렷하게 보이고 만졌을 때 거의 살이 느껴지지 않아요. 근육량도 눈에 띄게 줄어 있어요.
2점	마른 상태. 갈비뼈는 쉽게 만져지며 살이 거의 덮여 있지 않아요. 허리 라인이 뚜렷하고 배가 많이 들어가 있어요.
3점	이상적인 상태. 갈비뼈는 약간의 지방층 아래로 부드럽게 만져지고, 위에서 보면 허리가 살짝 잘록하며, 옆에서 보면 배가 약간 올라가 있어요.
4점	과체중. 갈비뼈는 지방 때문에 만지기 어려워지고, 허리 라인이 덜 뚜렷해요. 배 아래로 지방이 축적된 모습이 보일 수 있어요.
5점	비만. 갈비뼈가 두꺼운 지방층에 가려져 거의 만져지지 않고, 허리 라인이 사라져 몸통이 둥글게 퍼져 보여요. 배 아래 지방 덩어리(뱃살)가 늘어져 있을 수 있어요.

표 1. Body Condition Score 5점 척도

체중은 품종과 체형에 따라 달라요. 우리 아이에게 맞는 적정 체중을 알고 주기적으로 확인하는 것이 좋아요. 갈비뼈가 가볍게 만져지고, 위에서 봤을 때 허리가 살짝 들어가 있으며, 옆에서 봤을 때 배가 자연스럽게 올라간 모양이라면 적정 체형일 가능성이 커요. BCS(Body Condition Score)라는 체형 평가 도구를 이용하면 더욱 정확하게 평가할 수 있어요. 보통 5점 척도에서 3점이 이상적인 상태랍니다. (표 1. BCS 5점 척도 참고)

피부와 털 상태도 건강의 중요한 지표예요. 털은 윤기가 있고, 피부에 각질이나 상처가 없어야 해요. 눈물이 많지 않고, 귀는 냄새나 분비물이 없으며, 구취가 심하지 않아야 해요.

3. 행동과 일상

식사 시간과 식사량이 평소와 비슷하게 유지되고, 식욕에 큰 변화가 없다면 잘 지내고 있는 거예요. 배변과 배뇨도 규칙적이어야 하며, 변은 적당히 단단하고 소변은 맑은 연노란색을 띠는 것이 좋습니다. 변 상태를 평가할 때는 '7점 변 상태 척도'를 참고할 수 있어요. 모양이 잘 잡혀 있고, 손으로 만졌을 때 단단하지만 너무 딱딱하지 않은 2~3점 정도가 가장 이상적인 상태예요. (표 2. 7점 변 상태 척도 참고)

수면 습관도 중요해요. 평소처럼 규칙적으로 자고, 놀이와 운동도 즐겁게 이어간다면 우리 아이는 오늘도 건강한 하루를 보내고 있는 거랍니다.

점수	설명
1점	매우 딱딱하고 건조, 구슬처럼 조각조각 부서짐 (심한 변비)
2점	단단하지만 모양이 잘 잡힘, 약간 건조해 보임
3점	부드럽고 촉촉하며 형태 유지, 이상적인 정상 변
4점	약간 물렁하지만 형태는 유지
5점	형태가 무너지기 시작, 손에 묻을 정도로 물기가 많음
6점	거의 형태가 없고 매우 물렁함
7점	완전한 액체 설사

표 2. 7점 변 상태 척도

PART 1
호흡기계

★ 즉시 병원에 가야 하는 응급 증상

- ☑ 쉴 때 호흡수가 평소보다 두 배 이상 증가한 경우
- ☑ 호흡할 때 가슴과 복부가 과도하게 움직이는 경우
- ☑ 숨을 쉴 때 쌕쌕거리거나 휘파람 소리가 나는 경우
- ☑ 입을 벌리고 계속해서 헐떡이는 경우
- ☑ 기침하면서 거품 섞인 분홍색 가래가 나오는 경우
- ☑ 잇몸이 푸르게 변하는 경우(청색증)

⚠ 주의해서 관찰해야 할 증상

- ☑ 기침이 3일 이상 지속되는 경우
- ☑ 코에서 노란색이나 녹색 콧물이 나오는 경우
- ☑ 평소보다 활동량이 감소한 경우

우리 아이의 호흡기계, 어떻게 작동할까?

"강아지가 갑자기 숨을 헐떡여요." "고양이가 쌕쌕거리면서 숨 쉬는 건 괜찮은 걸까요?" 반려동물과 함께 지내다 보면 호흡에 대해 궁금해지는 순간들이 생겨요.

호흡기계는 코, 기관, 기관지, 폐로 이루어져 있으며, 신선한 산소를 몸속에 들여보내고, 몸에서 필요 없어진 이산화탄소를 밖으로 내보내는 아주 중요한 일을 담당하고 있어요.

건강한 반려동물의 호흡은 일정한 리듬과 속도를 유지하면서 조용하고 부드럽게 이루어져요. 안정된 상태에서는 강아지는 분당 10-30회, 고양이는 분당 20-30회 호흡수를 보입니다. 가슴과 배가 자연스럽게 오르내리는 모습도 함께 관찰할 수 있어요. 다만 개체에 따라 정상 호흡수는 조금씩 다를 수 있으니, 평소 우리 아이의 호흡 패턴을 잘 기억해 두는 것이 중요해요.

그런데 특별한 활동 없이 가만히 있는 데도 헐떡이거나, 가슴과 복부가 과도하게 움직이고, 기침이나 재채기, 호흡곤란 같은 증상이 동반된다면 기관지염, 폐렴, 천식, 기관허탈 등 다양한 호흡기계 질환의 가능성을 고려해야 해요. 일시적인 자극일 수도 있지만, 증상이 반복되거나 악화된다면 반드시 원인을 확인해보는 것이 좋습니다.
이제 호흡기계를 이루는 주요 기관들을 하나씩 살펴볼게요.

1. 코: 공기를 정화하고 데우는 필터

비강은 외부 공기가 처음으로 지나가는 통로예요. 공기 중 먼지, 세균, 이물질을 걸러주고, 차가운 공기를 적절한 온도와 습도로 조절해주는 중요한 역할을 해요.
하지만 알레르기, 감기, 세균 감염 등으로 비강에 염증이 생기면 재채기, 콧물, 코막힘 등의 증상이 나타나요. 만성적인 콧물이나 코막힘이 있다면 단순 감기 가능성 외에도 다른 질환이 숨어 있을 수 있으니 병원 진료를 받아보는 것이 좋아요.

2. 기관과 기관지: 공기가 폐로 이동하는 통로

기관은 코를 지나온 공기를 폐까지 안전하게 전달하는 통로예요. 이 기관이 여러 갈래로 나뉘어져 폐로 들어가는 부분을 기관지라고 불러요.
푸들, 포메라니안, 말티즈 같은 소형견에서는 기관이 약해져 납작하게 눌리는 '기관 허탈'이 잘 생겨요. 이때는 거위 울음소리 같은 기침이 반복되거나, 심한 경우에는 호흡 곤란이 나타날 수 있어요.
고양이에서는 알레르기나 자극 물질에 민감하게 반응해 기관지에 염증이 생기면 천식이나 만성 기관지염으로 이어질 수 있어요. 이런 경우 숨을 쉴 때 쌕쌕거리는 소리나 기침이 관찰될 수 있어요.

3. 폐: 산소와 이산화탄소가 교환되는 장소

폐는 산소를 혈액으로 보내고, 혈액 속 이산화탄소를 바깥으로 배출하는 교환 장소예요. 이 기능이 원활해야 몸 구석구석에 산소가 잘 도달하고, 아이가 건강하게 생활할 수 있어요.
하지만 폐에 염증이 생기면 '폐렴'이 발생하고, 산소 교환이 어려워져 호흡이 빨라지거나 쉽게 피로해질 수 있어요. 기침, 발열, 식욕 부진 등 증상이 함께 나타날 수 있고, 조기에 치료하면 대부분 잘 회복돼요.
아이가 평소와 다른 호흡 양상을 보인다면 일시적인 변화라고 넘기지 말고 병원에서 진료를 받아보는 것이 좋아요.

재채기를 하고 콧물이 나와요

재채기와 콧물은 코의 점막이 자극을 받아 이물질을 밀어내려는 자연스러운 반응이에요. 향수, 방향제, 먼지, 건조하거나 차가운 공기에 갑자기 노출되었을 때 코의 점막이 자극을 받아 재채기를 하게 돼요. 음식을 먹다가 액체가 코로 넘어가도 반사적으로 재채기를 하기도 하지요.

하지만 콧물의 양이 많아지거나 색이 탁해지고, 재채기 횟수가 늘어나는 등 변화가 관찰된다면 알레르기, 감염, 비강 내 이물, 드물게는 종양까지도 원인으로 고려해야 해요. 특히 호흡 이상과 다른 이상 징후들이 함께 나타난다면 주저하지 말고 병원에 내원해 정확한 진단을 받는 것이 중요해요.

⚠ 이런 경우라면 병적인 콧물과 재채기를 의심해보세요.
- ☐ 가슴과 복부가 크게 움직이며 힘들게 숨을 쉬어요.
- ☐ 콧물이 노란색·초록색으로 변하고 끈적끈적해요.
- ☐ 재채기가 멈추지 않고 계속돼요.
- ☐ 눈물, 결막 충혈, 얼굴 부종 등이 함께 나타나요.

콧물과 재채기의 원인은 무엇일까요?

1) 감염성 질환

상기도 감염을 일으키는 바이러스, 세균성 비염, 곰팡이 감염 등이 포함되며, 감염 초기에는 맑은 콧물이 나오지만, 점차 누렇고 끈적하게 변하는 특징이 있어요. 눈곱, 눈물, 기침, 식욕 저하 등의 전신 증상이 동반되기도 해요.

2) 구강질환

치아 주변에 염증이 생기면, 염증이 코와 연결된 부위까지 퍼져 재채기나 콧물을 유발할 수 있어요. 입 냄새가 심해지고, 한쪽 콧구멍이 막히거나 얼굴 한쪽이 붓는다면 구강 문제를 의심해볼 수 있어요.

3) 비강 내 이물

풀씨나 먼지 같은 작은 이물질이 코 점막을 자극하면 재채기가 계속되거나, 한쪽에서 피 섞인 콧물이 나올 수 있어요. 코를 계속 문지르고 킁킁거리며 불편해하는 모습도 보일 수 있어요.

4) 비강 내 종양

비강 내 종양은 비교적 드물지만, 반드시 고려해야 하는 질환이에요. 한쪽 코에서 피가 섞인 콧물이 계속 나오거나, 얼굴이 비대칭으로 붓고, 숨 쉬기 어려워하는 모습이 있다면 꼭 정밀 검사를 받아야 해요.

병원 내원 전, 무엇을 살펴보면 좋을까요?

진료 전에 아래 내용을 정리해두면 아이의 상태를 더 정확히 전달할 수 있어요.

1) 증상 관련 기록

☐ 재채기와 콧물은 언제부터 시작되었나요?
☐ 특정 환경에서 증상이 심해지나요?
☐ 최근 생활환경에 변화가 있었나요?
☐ 콧물의 색은 어떤가요? (맑음, 노란색, 초록색 등)
☐ 콧물은 양쪽 코 모두에서 나오나요?

2) 동반 증상

☐ 눈물, 눈곱, 충혈이 있나요?
☐ 기침, 발열, 식욕 저하 같은 전신 증상이 있나요?
☐ 코를 긁거나 킁킁거리며 불편해하는 모습이 있나요?

3) 과거 건강 이력 및 환경 변화

☐ 과거에 비슷한 증상을 보인 적이 있나요?
☐ 최근 호흡기 질환을 진단받은 이력이 있나요?
☐ 풀씨, 먼지 등을 코로 들이마셨을 가능성이 있나요?
☐ 새로운 방향제, 초, 청소 제품을 사용한 적이 있나요?
☐ 새로운 음식이나 간식을 먹은 뒤 증상이 나타났나요?

병원에서는 어떤 과정을 거치게 될까요?

콧물 색, 점도, 출혈 여부를 확인하고, 눈, 구강, 귀 등 얼굴 전체에 대한 신체검사를 진행해요. 감염이 의심될 경우에는 전신 상태를 확인하기 위해 혈액검사를 시행하고, 바이러스 감염이 의심되는 경우 PCR 검사를, 세균 감염이 의심되면 비강 분비물을 배양해 원인균을 찾아요. 구조적인 문제가 의심되면 방사선, CT, MRI 등의 영상검사, 내시경을 통해 비강 내부를 확인하고, 조직검사를 통해 정확한 진단을 시도하게 돼요.

어떻게 치료하나요?

호흡곤란이 심하거나 쇼크 증상 등의 응급 상황에서는 우선적으로 산소 공급, 스테로이드 주사 등을 통해 빠르게 염증과 부종을 가라앉혀요. 이후 상태가 안정되면 정밀검사를 진행하고, 결과에 따라 원인에 맞는 치료를 시작해요.

감염성 질환의 경우 세균 감염이면 항생제를 사용하고, 바이러스 감염일 경우에는 면역 보조 치료와 함께 2차 감염 예방을 위한 처치를 병행해요. 알레르기성 비염이나 만성 염증성 비염이 원인이라면 항히스타민제나 스테로이드를 사용해 증상을 조절하고, 네뷸라이저로 코를 촉촉하게 유지해 호흡을 편하게 해주는 치료도 함께 진행할 수 있어요.

종양, 이물, 기형 등 구조적인 문제가 원인이라면 외과적인 치료가 필요해요. 종양은 조직검사 후 수술을 통해 제거하고, 비강 내 이물은 내시경을 이용해 안전하게 꺼내게 돼요.

기침을 해요

기침은 먼지, 향수, 담배 연기처럼 자극적인 냄새나 건조한 공기, 갑작스러운 온도 변화 등의 자극에 대한 정상적인 방어 반응이에요. 신이 나거나 흥분했을 때, 급하게 밥을 먹은 직후에도 반사적으로 한두 번 기침할 수 있으니, 그럴 땐 환경을 조절하며 증상이 가라앉는지를 지켜보면 충분해요. 하지만 기침이 며칠 이상 계속되거나 점점 심해진다면 단순 감기인지, 알레르기성 문제인지, 혹은 다른 질병이 숨어 있진 않은지 꼼꼼히 살펴볼 필요가 있어요.

⚠ 이런 경우라면 병적인 기침을 의심해보세요.

- [ ] 기침이 쉬지 않고 이어져요.
- [ ] 운동하거나 흥분하면 기침이 더 심해져요.
- [ ] 숨소리가 거칠고 '쌕쌕'거리는 소리가 들려요.
- [ ] 호흡 곤란, 기력 저하, 식욕 감소가 동반돼요.

기침의 원인은 무엇일까요?

1) 호흡기 질환

강아지 인플루엔자, 켄넬코프, 고양이 허피스바이러스 같은 상부 호흡기 감염이 대표적이에요. 기관지염이나 폐렴은 점차 가래가 늘고 호흡이 거칠어지며, 소형견에게 흔한 기관허탈은 '거위 우는 소리' 같은 특유의 기침을 보여요.

2) 심장 질환

노령견에서 흔한 판막 질환은 운동 후 숨이 차고 기침이 심해지는 특징이 있어요. 심장 기능이 저하되면 폐정맥 압력이 높아져 폐에 물이 차는 '폐수종'이 생기고, 이때 거품 섞인 분홍색 가래가 나올 수 있어요.

3) 알레르기 및 천식

꽃가루, 먼지, 곰팡이 같은 항원에 과민 반응을 보이면 반복적인 기침과 재채기가 나타나요. 고양이 천식은 마른 기침과 호흡 곤란이 갑자기 심해지는 모습이 특징이에요.

4) 이물질 흡입

풀씨, 사료 조각, 장난감 부스러기 같은 작은 물질이 기도에 들어가면 갑작스러운 거친 기침이 나타나며 멈추지 않을 수 있어요. 피가 섞여 나오거나 호흡을 힘들어하면 즉시 응급 진료가 필요해요.

병원 내원 전, 무엇을 살펴보면 좋을까요?

진료 전에 아래 내용을 정리해두면 아이의 상태를 더 정확히 전달할 수 있어요.

1) 기침 증상 변화

☐ 기침이 언제부터 시작됐나요?
☐ 기침이 심해지는 특정 시간대가 있나요?
☐ 최근 향수, 방향제, 청소 같은 환경 변화가 있었나요?
☐ 마른 기침인가요, 가래가 섞인 젖은 기침인가요?

2) 동반 증상

☐ 기력이나 식욕이 줄어든 모습이 있나요?
☐ 숨을 헐떡이거나, 숨쉬는 게 힘들어 보이나요?
☐ 잇몸이나 혀 색깔이 푸르거나 창백하지는 않나요?
☐ 평소보다 쉽게 지치거나, 산책을 피하려 하나요?

병원에서는 어떤 과정을 거치게 될까요?

기침의 시작 시점, 양상, 지속 시간, 운동이나 수면과의 연관성 등을 면밀하게 확인하고, 청진을 통해 폐와 심장 소리를 듣고, 점막 색과 호흡 패턴을 종합적으로 평가해요.

이어 흉부 방사선으로 기관지염, 폐렴, 폐수종, 종양 여부를 확인하고, 심장 질환이 의심되면 심장 초음파를 통해 판막 상태와 심근의 두께와 기능 등을 살펴봐요. 혈액검사로 염증 지표와 심장 바이오마커를 확인하며, 필요하면 기관지 내시경과 기관세척을 진행해 기생충, 세균, 알레르기성 염증 여부를 파악해요.

어떻게 치료하나요?

아이의 응급 여부를 가장 먼저 확인해요. 폐수종이나 기도 폐쇄가 의심되면 빠르게 산소 공급, 약물 투여, 기관 삽관, 기관 절개 등의 처치로 호흡 안정을 도모해요.

아기의 상태가 안정되면 원인에 따른 치료를 진행하게 돼요. 세균 감염이 의심되면 항생제를 투여하고, 바이러스성 감염일 때는 특별한 항바이러스제가 없어 면역을 돕고 2차 감염을 막는 대증 치료를 중심으로 진행하게 돼요.

심장병이 원인이라면 혈관 확장제나 강심제, 이뇨제를 통해 심장 부담을 줄여주고, 폐부종 발생 가능성을 낮추게 돼요. 알레르기성 기침이나 고양이 천식은 소염제와 기관지 확장제를 사용하고, 장기적인 흡입기 치료가 필요할 수 있어요.

기관허탈처럼 구조적인 문제는 내과적 치료로 조절이 어려운 경우도 있는데, 이럴 땐 기관 스텐트 삽입이나 외과 수술을 고려하게 돼요.

호흡이 이상해요

건강한 강아지와 고양이는 숨소리가 거의 들리지 않을 만큼 부드럽게 호흡해요. 격하게 뛰놀거나 더운 날씨에 잠시 헐떡일 수 있지만, 보통 몇 분 내에 원래 리듬으로 돌아와요. 불독, 퍼그, 페르시안 등 단두종은 코와 기도가 짧아 평소에도 코 고는 듯한 소리가 날 수 있으니 '우리 아이 체질' 정도로 기억해두시면 돼요.

그런데 숨이 평소보다 빠르거나 얕아지고, 들숨과 날숨마다 '쌕쌕' 소리가 난다면 '조금 더 지켜볼까?' 하고 미루지 말고 즉시 동물병원을 찾아야 해요.

⚠ 이런 경우라면 병적인 호흡이상을 의심해보세요.

☐ 특별한 운동을 하지 않았는데 숨이 빠르고 얕아졌어요.
☐ 입을 벌리고 헐떡이거나, 혀와 잇몸이 창백해 보여요.
☐ 쉬고 있을 때도 가슴과 배가 크게 들썩이며 숨쉬어요.
☐ 코 주변이나 목 부위가 붓고, 호흡이 힘들어 보여요.

호흡이 이상해지는 원인은 무엇일까요?

1) 호흡기 질환

감염성 폐렴, 기관지염, 비염이나 고양이 천식처럼 기도의 직경이 감소하는 질환은 숨쉴 때마다 휘파람 같은 소리가 날 수 있어요. 비강 내 이물이, 후두 마비, 기관 허탈처럼 구조적인 문제가 생기면 거친 호흡음이 지속될 수 있답니다.

2) 심혈관계 이상

노령견에서 흔한 판막질환·심근증이 진행되면 혈액이 폐에 정체돼 '폐수종'이 생기고, 거품 섞인 분홍색 가래와 심한 호흡곤란을 보일 수 있어요. 폐성 고혈압 역시 산소 운반 효율을 떨어뜨려 숨이 가빠지고 잇몸이 푸르게 변해

3) 심한 통증이나 전신 불편감

위나 장에 가스가 차서 복부가 팽창되었거나, 뼈나 관절에 통증이 있는 경우처럼 신체 어딘가가 불편할 때에도 호흡이 빨라질 수 있어요. 이때는 실제로 폐에 문제가 있는 건 아니더라도, 통증을 줄이기 위한 보상 작용으로 얕고 빠른 호흡을 하게 되는 경우가 많아요. 특히 고양이처럼 통증을 겉으로 잘 드러내지 않는 동물에겐 이런 미묘한 호흡 변화가 중요한 단서가 될 수 있어요.

병원 내원 전, 무엇을 살펴보면 좋을까요?

진료 전에 아래 내용을 정리해두면 아이의 상태를 더 정확히 전달할 수 있어요.

1) 호흡 이상 증상

☐ 언제부터 호흡이 이상해졌나요?
☐ 운동 후나 더운 날씨 등 특정 상황에서 심해지나요?
☐ 개구호흡을 하거나 평소보다 호흡수가 얕고 빨라졌나요?
☐ 평소보다 쉽게 지치고 잘 때도 숨쉬기 힘들어 보이나요?

2) 동반 증상

☐ 식욕저하, 기력저하, 청색증이 있나요?
☐ 기침, 콧물, 재채기 등의 호흡기 증상이 함께 있나요?
☐ 심장질환이나 폐 관련 질환을 진단받은 적이 있나요?

병원에서는 어떤 과정을 거치게 될까요?

병원에 방문하면 아이의 호흡 상태와 전신 상태를 빠르게 평가해요. 호흡의 양상, 심박수, 청색증 여부 등을 빠르게 확인하여 응급 상황 여부를 판단해요. 호흡이 불안정하고 청색증이 보이면 산소 공급을 통해 호흡을 우선 안정시켜요.

이후 흉부 방사선 촬영을 통해 폐, 심장, 기관지, 흉강 상태를 살펴보며 호흡기 문제의 원인을 찾게 돼요. 심장병이 의심되는 경우 심장 초음파도 함께 진행하게 됩니다.

혈액검사는 염증 수치, 전해질 상태, 주요 장기 기능을, 심장 관련 지표를 확인하는 데 활용돼요. 원인이 명확하지 않은 경우, 기도 내 염증이나 감염 상태를 파악하기 위해 기관지 내시경이나 기관 세척 검사를 추가로 시행할 수 있어요. 이 검사를 통해 기생충이나 세균, 곰팡이 감염 여부 또는 알레르기성 기침인지를 좀 더 정확히 구분할 수 있답니다.

어떻게 치료하나요?

치료는 아이의 상태가 얼마나 위중한지, 그리고 호흡기 이상을 일으킨 원인이 무엇인지에 따라 달라져요. 먼저 호흡이 매우 불안정하거나 청색증, 의식 저하가 동반된 경우엔 즉시 산소를 공급하고, 필요한 경우 기관 삽관이나 흉강 천자 같은 응급 처치를 시행해요. 이후 상태가 안정되면 본격적인 치료에 들어가게 돼요.

심장병으로 인한 폐수종은 이뇨제와 심장 부담을 줄여주는 약물을 병용해서 관리하고, 폐렴은 항생제를 투여하고, 염증이 심한 경우 항염증제를 함께 사용할 수 있어요. 바이러스 감염은 특별한 치료제가 없어 면역력을 높이고, 2차 감염을 막는 데 중점을 두어 치료를 진행해요.

알레르기성 기침이나 고양이 천식처럼 만성적인 호흡기 문제는 스테로이드와 기관지 확장제를 함께 사용하며, 경우에 따라 흡입기 치료를 장기적으로 병행하게 되지요.

내과적인 약물로 조절이 되지 않는 중증도의 기관 허탈의 경우 기관 스텐트를 삽입하는 외과적인 수술이 필요할 수 있어요. 또한, 반복되는 기흉, 후두 마비, 심장사상충에 의한 호흡곤란 역시 수술이나 배액관 설치 같은 적극적인 처치가 필요해요.

PART 2
심장

★ 즉시 병원에 가야 하는 응급 증상

- ☑ 평소보다 숨을 가쁘고 호흡이 힘들어 보이는 경우
- ☑ 잇몸이나 혀 색이 창백하거나 푸르게 변한 경우
- ☑ 갑자기 기운이 빠져 쓰러지거나 의식을 잃는 경우
- ☑ 가만히 있어도 헐떡이거나, 수면 중 숨소리가 거친 경우
- ☑ 배나 가슴 부위가 불룩해지며 호흡에 방해가 되는 경우

⚠ 주의해서 관찰해야 할 증상

- ☑ 짧은 산책만 해도 숨이 차거나 쉽게 지치는 경우
- ☑ 예전보다 활동량이 줄거나 운동을 꺼리는 경우
- ☑ 휴식 중에도 숨소리가 평소보다 거칠거나 빠른 경우
- ☑ 특별한 이유 없이 식욕저하나 체중감소가 보이는 경우
- ☑ 배가 점점 불러오거나 다리가 붓는 듯해 보이는 경우

우리 아이의 심장, 어떻게 작동할까?

장은 24시간 쉬지 않고 혈액을 순환시키는 '생명의 펌프'예요. 위쪽의 두 방(좌심방, 우심방)과 아래쪽의 두 방(좌심실, 우심실)으로 이루어진 네 개의 방이 차례로 수축·이완하며 혈액을 밀어내요. 방과 방 사이에는 네 개의 판막(삼첨판, 폐동맥판, 이첨판, 대동맥판)이 문지기처럼 자리 잡고 혈액이 거꾸로 흐르지 않도록 막아줘요.

몸을 돌고 산소가 거의 소모된 혈액은 우심방 → 우심실 → 폐로 이동해 산소를 다시 채워요. 산소를 듬뿍 머금은 혈액은 좌심방과 좌심실을 거쳐 대동맥을 통해 온몸으로 퍼져 나가요. 이때 좌심실은 네 방 중 근육층이 가장 두꺼워 온몸 구석구석으로 혈액을 보내는 '주동력'을 만들어내요.

만약 판막이 제대로 닫히지 않으면 마치 수도꼭지를 덜 잠근 것처럼 혈액이 역류해 기침·호흡 곤란 같은 여러 증상을 일으킬 수 있어요. 그래서 심장은 단순한 '순환 기관'을 넘어 반려동물의 생명 에너지를 책임지는 핵심 장기라고 말해요.

개에서 가장 흔한 심장병,
승모판 폐쇄부전증

승모판 폐쇄부전증은 중·고령의 소형견에서 특히 자주 발생하는 퇴행성 심장질환이에요. 좌심방과 좌심실 사이에 있는 승모판이 점차 두꺼워지거나 변형되면서, 수축기마다 완전히 닫히지 못하게 되지요. 이로 인해 좌심실의 혈액이 좌심방으로 역류하게 되며, 시간이 지날수록 심장에 부담이 커지게 됩니다. 유전적 소인과 노화가 주된 원인이고, 서서히 진행되기에 초기에 눈치채기 어려워요.

어떤 증상이 나타날까요?

기침은 승모판 폐쇄부전증에서 가장 흔하게 나타나는 증상이에요. 특히 운동하거나 흥분했을 때, 잠든 새벽 시간대에 '켁켁'거리며 마른기침을 하는 경우가 많아요. 초기에는 가벼운 기침으로 시작하지만, 병이 진행되면 기침이 점점 무거워지고, 숨이 가빠지거나 호흡이 얕고 빨라질 수 있어요.

또한, 산책이나 놀이를 예전처럼 즐기지 않고, 쉽게 지치거나 활동을 피하는 모습도 나타나요. 병이 더 진행되면 식욕이 줄고 체중이 감소하는 등 전적인 활력이 떨어질 수 있어요.

특히 새벽 시간대에 기침이 심화되거나, 갑자기 힘없이 주저앉거나 실신하는 경우는 심장 기능이 상당히 저하되었을 가능성이 있어요. 이런 증상이 보인다면 반드시 병원을 방문해 검진을 받아야 해요.

병원에서는 어떤 과정을 거치게 될까요?

먼저 보호자님과의 문진을 통해 아이의 증상과 경과를 자세히 파악해요. 기침이 언제부터 시작되었는지, 운동이나 수면 중에 더 심해지는지, 실신 경험이 있었는지 등을 확인하게 되지요.

그다음으로는 흉부 방사선 촬영을 통해 심장의 크기와 폐 상태를 평가하고, 폐부종이 발생했는지도 함께 확인해요. 이후 심장 초음파를 통해 승모판 상태를 확인하고, 혈액이 좌심방으로 역류하는 정도, 심장의 수축 기능 등을 종합적으로 살펴보게 돼요.

혈액검사도 꼭 필요한 과정으로, 특히 약물 치료 전에 신장 기능과 전해질 균형을 확인해야 해요. 심전도 검사를 통해 부정맥이 있는지도 확인하게 되고, 심장 기능 저하로 인한 다른 위험 요소들도 꼼꼼히 점검하게 됩니다.

<u>어떻게 치료하나요?</u>

승모판 폐쇄부전증은 완치가 어려운 만성 진행성 질환이에요. 하지만 조기에 진단하고 적절히 관리한다면, 아이는 오랜 기간 동안 좋은 삶의 질을 유지하며 지낼 수 있어요.

병이 진행되면 좌심방 압력이 높아지고, 이로 인해 폐정맥과 폐 모세혈관에 물이 차는 '폐부종'이 발생할 수 있어요. 이를 예방하고 심장의 부담을 줄이기 위해 약물 치료가 필요합니다. 일반적으로는 심장의 수축력을 도와주는 약, 혈관을 확장해 심장의 부담을 덜어주는 약, 체내의 과도한 수분을 배출시키는 이뇨제를 함께 사용하게 되고, 아이의 상태에 따라 용량과 종류를 조절해요.

약물 치료만큼 중요한 것이 생활 관리예요. 과도한 운동은 피하고, 아이가 편안히 쉴 수 있는 조용한 환경을 만들어주는 것이 좋아요. 체중을 적절히 유지하고, 염분이 많은 음식은 피해서 심장에 가해지는 부담을 줄이는 것도 도움이 됩니다.

무엇보다 중요한 것은 정기적인 검진이에요. 상태가 안정적이더라도 보통 3~6개월마다 한 번씩 병원에 내원해 심장 상태를 체크하고, 약물 반응이나 진행 정도를 모니터링하는 것이 장기적인 관리에서 핵심이랍니다.

고양이에서 가장 흔한 심장병, 비대성 심근병증

비대성 심근병증은 고양이에서 가장 흔히 진단되는 심장 질환이에요. 심장 근육이 안쪽으로 비정상적으로 두꺼워지면서 혈액을 받아들이고 내보내는 기능이 점점 원활하지 않게 되는 병이지요. 심장 내부의 공간이 좁아지면 온몸으로 충분한 혈류를 내보내기 어려워지고, 이로 인해 산소와 영양 공급에 차질이 생기며 다양한 전신 증상이 나타날 수 있어요.

특히 좌심방 내의 혈액이 정체되면 혈전이 만들어질 위험이 커지는데, 이 혈전이 대동맥을 따라 이동하다 다리로 가는 혈관을 막아버리면 뒷다리를 갑자기 쓰지 못하거나 극심한 통증을 호소하는 '동맥혈전증'이라는 응급 상황이 생길 수 있어요.

정확한 발병 기전은 아직 완전히 규명되지 않았지만, 유전적 소인이 큰 역할을 하는 것으로 알려져 있으며 메인쿤·래그돌 등 특정 품종에서 특히 발병률이 높아요. 스트레스, 전신 질환, 호르몬 변화 등 환경 요인이 병의 진행 속도에 영향을 준다는 연구 결과도 보고되고 있어요.

어떤 증상이 나타날까요?

초기에는 뚜렷한 증상이 거의 없어 보호자님이 알아차리기 어려운 경우가 많아요. 질환이 서서히 진행되면서 평소보다 쉽게 피로해하거나 노는 시간이 줄고, 무기력하게 오래 쉬는 모습이 먼저 나타날 수 있어요. 호흡이 거칠고 빨라지거나, 안정을 취해도 호흡수가 쉽게 떨어지지 않는다면 심장 문제를 의심해봐야 해요. 일부 고양이는 식욕이 서서히 감소하면서 체중이 줄기도 해요.

무엇보다 주의해야 할 합병증은 동맥혈전증이에요. 혈전이 뒷다리로 가는 혈관을 갑자기 막으면 고양이는 뒷다리를 끌거나 아예 못 움직이고, 발바닥이 차갑고 창백하게 변하면서 극심한 통증을 드러내요. 이런 증상이 보이면 지체하지 말고 즉시 동물병원으로 이동해 주세요. 시간에 따라 예후가 크게 달라지는 응급 상황이거든요.

병원에서는 어떤 과정을 거치게 될까요?

먼저 보호자님과 자세한 문진을 통해 호흡 변화, 활동량 감소, 식욕 변화, 갑작스런 절뚝거림 등 최근 변화를 꼼꼼히 확인해요. 고양이에서는 청진만으로 심장병을 정확히 판단하기 어려워서 정확한 진단을 위한 추가 검사가 반드시 필요해요.

흉부 방사선으로 폐에 물이 차 있는지, 심장 크기에 이상이 없는지 살펴봐요. 다만 비대성 심근병증은 심근이 안쪽으로 두꺼워지는 특징이 있어 외형상 심비대가 두드러지지 않을 수 있어요. 그래서 이 질환을 진단하고 경과를 관찰하기 위해서는 심장 초음파 검사가 필수적이에요. 심근 두께, 심실·심방 크기, 혈류 속도와 역류, 혈전 여부 등을 입체적으로 확인할 수 있어요.

또한 혈액검사를 통해 신장 기능, 전해질, 갑상샘 호르몬, NT-proBNP(심장 스트레스 지표) 등을 확인해, 심장병에 영향을 미칠 수 있는 추가적인 요인을 파악하고 치료에 사용될 약물의 종류나 용량을 결정할 때 참고해요. 검사 결과에 따라 필요하면 혈압 측정, 산소 분압 확인, 심전도 등 추가 검사가 이루어질 수 있어요.

어떻게 치료하나요?

비대성 심근병증은 현재로서는 완치가 어려운 만성 질환이에요. 하지만 적절한 치료를 통해 증상을 조절하고 질병의 진행 속도를 늦추면 아이가 오랜 시간 안정된 삶을 누릴 수 있어요.

모든 고양이가 증상을 보이지는 않지만, 심방 확장이 뚜렷하거나 혈전이 생긴 병력이 있다면 항응고제나 항혈소판제를 통해 혈전 생성을 예방하는 것이 중요해요. 심장의 부담을 줄여주는 약물이나 심장 박동을 조절해주는 약물도 함께 사용할 수 있어요. 증상이 심하거나 급성 악화가 의심되는 경우에는 산소 치료나 수액 조절이 함께 필요할 수 있어요.

비대성 심근병증은 고양이마다 질병의 양상이 조금씩 다르고, 반응하는 약물도 각기 달라요. 따라서 정기적인 심장 초음파와 혈액 검사를 통해 상태를 세심히 확인하고, 아이에게 맞는 약물 용량이나 종류를 지속적으로 조정해주는 것이 매우 중요해요.

PART 3
비뇨기계

★ 즉시 병원에 가야 하는 응급 증상

- ☑ 12시간 이상 소변을 전혀 보지 못한 경우
- ☑ 소변 색이 붉거나, 주황색·갈색으로 변한 경우
- ☑ 소변 냄새가 갑자기 강해지거나 악취가 나는 경우
- ☑ 과다한 수분 섭취와 함께 잦은 배뇨가 나타나는 경우
- ☑ 배뇨 시 심한 통증 반응이나 울음소리를 보이는 경우
- ☑ 구토 · 식욕 부진 · 기력 저하 등이 동반되는 경우

⚠ 주의해서 관찰해야 할 증상

- ☑ 배뇨 빈도가 증가하거나 소량씩 자주 보려는 경우
- ☑ 소변 색이 평소보다 지나치게 투명하거나 짙어진 경우
- ☑ 소변량이 갑자기 증가하거나 감소한 경우
- ☑ 생식기 주변을 반복적으로 핥는 경우

이러한 이상 징후가 보이면, 신선한 물을 충분히 제공하고, 간식은 잠시 제한해주세요. 증상이 12시간 이상 지속되거나 악화되면 지체하지 말고 병원에 내원해 주는 것이 가장 안전합니다.

우리 아이의 비뇨기계,
어떻게 작동할까?

강아지와 고양이는 매일 물을 마시고, 노폐물을 배출하며 몸속 균형을 유지해요. 이 모든 과정을 담당하는 시스템이 바로 비뇨기계예요. 비뇨기계는 신장 → 요관 → 방광 → 요도로 이어지며 각 부위가 유기적으로 협력해 소변을 생성하고 일시적으로 저장했다가 배출해요.

1. 신장: 소변을 만드는 공장

신장은 온종일 혈액을 여과하며 체내 수분과 나트륨과 칼륨 같은 전해질 균형을 조절하는 기관이에요. 혈압 조절과 적혈구 생성을 돕는 호르몬 분비까지 맡고 있어요.

고양이는 물을 적게 마시는 습성이 있어 신장 질환에 특히 취약해요. 집안 곳곳에 물그릇을 두거나, 흐르는 물을 좋아하는 아이에게는 정수기형 급수기를 마련해주세요. 강아지도 염분이 높은 간식이나 사람 음식을 피하고, 언제나 신선한 물을 마실 수 있도록 도와주는 것이 좋아요. 신장은 한 번 손상되면 회복이 어려우므로 예방이 최선입니다.

2. 요관과 방광: 소변을 운반하고 저장하는 공간

신장에서 만들어진 소변은 요관을 따라 방광에 모여요. 방광이 차오르면 배뇨 반사가 일어나 자연스럽게 소변을 눌 수 있죠.
고양이는 환경 변화나 스트레스만으로도 '특발성 방광염'이 생길 수 있어, 화장실을 자주 들락거리거나 소량의 소변만 보는 행동이 반복된다면 방광 문제를 의심해봐야 해요. 강아지 역시 방광염이 흔해 배뇨 시 통증이나 혈뇨가 보이면 진료가 필요해요.

3. 요도: 소변을 배출하는 길

방광에 저장된 소변은 요도를 통해 몸 밖으로 배출돼요. 수컷의 요도는 길고 가늘어 결석이나 점액에 의해 쉽게 막힐 수 있어요. 소변이 거의 나오지 않거나 힘을 줘도 조금씩만 나온다면 요도 폐색을 의심해야 해요. 강아지도 요도 결석과 감염으로 배뇨 곤란과 통증을 보일 수 있으므로, 배뇨 습관이 달라지면 주의 깊게 살펴보는 것이 필요해요.

4. 소변은 어떻게 만들어질까요?

신장 안 '사구체'라는 작은 필터가 혈액을 여과하며 소변을 만들며, 과정은 크게 여과 → 재흡수 → 분비·배출 세 단계로 나눌 수 있어요.

첫 번째 단계: 여과

혈액이 사구체를 통과하면서 노폐물과 과잉 수분이 걸러져요. 이때 단백질이나 적혈구 같은 중요한 성분은 걸러지지 않고 몸에 남는데, 만약 신장 기능이 저하되면 단백질이 빠져나가는 단백뇨나, 적혈구가 섞인 혈뇨가 나타나게 돼요.

두 번째 단계: 재흡수

1차 소변 중 포도당, 아미노산, 전해질 등 필요한 물질과 수분은 다시 혈관으로 돌려보내 체내 균형을 유지해요. 신장이 손상되면 재흡수가 원활하지 않아 소변량이 늘고 탈수가 동반될 수 있어요.

세 번째 단계: 분비와 배출

남은 노폐물과 여분의 수분은 요관을 따라 방광으로 이동해 저장돼요. 방광이 차면 신경 신호에 따라 소변이 요도를 통해 몸 밖으로 배출되죠. 하지만 방광염이나 요도 결석이 생기면, 이 자연스러운 배뇨 과정에 문제가 생겨 배뇨통이나 소변 정체가 생길 수 있어요.

이렇게 만들어진 소변은 옅은 황금색을 띠고, 약한 암모니아 냄새가 나요. 일반적으로 강아지는 하루 약 35회, 고양이는 24회 배뇨하며, 하루 소변량은 체중 1kg당 약 20~40ml 정도예요.

고양이는 화장실에 생긴 소변 덩어리 크기로, 강아지는 산책할 중 배뇨 횟수와 양으로 체크해주세요. 색·냄새·횟수 변화가 느껴지면 조기에 병원 검진을 받는 것이 가장 안전합니다.

배뇨를 힘들어해요

반려동물이 화장실을 자주 들락날락하는 모습을 보면 "무슨 문제가 있는 걸까?" 걱정되기 마련이에요. 환경 변화나 일시적인 스트레스로 인해 배뇨 습관이 잠시 달라질 수는 있지만, 소변의 횟수, 양·색깔, 자세를 함께 살펴보면 일시적인 변화인지, 병적인 신호인지 훨씬 더 쉽게 구별할 수 있어요.

특히 소변이 시원하게 나오지 않거나 전혀 나오지 않는 모습이 지속된다면, '배뇨곤란'을 의심하고 바로 병원에 내원하는 것이 가장 안전합니다. 방광이 과도하게 팽창하면 파열 위험이 생기고, 심할 경우 신장 손상으로까지 이어질 수 있기 때문이에요.

⚠ 이런 경우라면 배뇨곤란을 의심해보세요.
- ☐ 화장실을 여러 번 오가지만 소변이 거의 나오지 않아요.
- ☐ 소변을 보려고 힘주며 낑낑대거나 통증을 호소해요.
- ☐ 소변이 한 방울씩만 떨어지거나, 전혀 나오지 않아요.
- ☐ 소변 색이 붉거나 탁하게 변했어요.
- ☐ 실내 곳곳에 배뇨 실수가 늘었어요.
- ☐ 배를 만지면 예민하게 몸을 웅크리거나 아파해요.

배뇨곤란의 원인은 무엇일까요?

1) 비뇨기계 질환

가장 흔한 원인은 방광염, 요로결석 같은 비뇨기계 질환이에요. 이런 문제들은 빈뇨나 배뇨통을 유발하며, 특히 요로결석은 심할 경우 요도 폐색으로 이어져 응급상황이 될 수 있어요. 중년 이상의 수컷 강아지에서는 전립선 비대로 인해 요도를 압박해 배뇨가 어려워지기도 해요.
또, 방광이 반복적으로 과팽창하거나 수축 기능이 저하되면 '방광 무기력증'으로 진행되어 스스로 배뇨하기 힘들어지는 경우도 있어요.

2) 신경계 질환

배뇨는 신경계의 정교한 조절을 통해 이뤄지기 때문에, 디스크, 척수 손상, 뇌질환처럼 신경에 이상이 생기면 소변 조절에 문제가 생겨요. 특히 만성 당뇨병을 앓고 있는 아이는 신경 기능 저하로 인해 방광 수축력이 약해지기도 해요.

3) 근골격계 문제

관절염, 디스크, 복부 통증 등으로 인해 배뇨 자세를 제대로 취하지 못하거나, 복부에 힘을 주기 어려운 경우에도 배뇨가 원활하지 않을 수 있어요.

4) 그 외 전신 질환

전해질 불균형, 전신 염증 등이 방광 기능에 영향을 주며 배뇨곤란으로 이어질 수 있어요. 이 경우 식욕 감소, 무기력, 구토 등 다른 전신 증상이 함께 나타날 수 있답니다.

병원 내원 전, 무엇을 살펴보면 좋을까요?

진료 전에 아래 내용을 정리해두면 아이의 상태를 더 정확히 전달할 수 있어요.

1) 배뇨 관련
☐ 마지막으로 소변을 본 시간은 언제인가요?
☐ 소변 색, 냄새, 투명도에 변화가 있나요?
☐ 소변을 보려 힘주지만 양이 적거나 방울방울 나오나요?
☐ 화장실을 드나드는 횟수가 늘었나요?

2) 환경 변화 및 전신 증상
☐ 화장실 위치 변경이나 스트레스 유발 요인이 있었나요?
☐ 물 섭취량이 눈에 띄게 증가하거나 감소했나요?
☐ 구토, 설사, 식욕 감소, 기력 저하 등이 있었나요?

병원에서는 어떤 과정을 거치게 될까요?

먼저 보호자님께 배뇨 이상이 시작된 시점, 지속 시간, 동반된 다른 증상에 대해 자세히 여쭤보는 문진이 이뤄져요.
이후 소변 검사와 복부 초음파를 통해 방광, 요도, 신장 상태를 확인하게 돼요. 소변 검사에서는 단백질, 결정체, 세균 등을 확인해 염증, 감염, 결석 가능성을 평가하고, 초음파 검사로는 구조적 이상이나 폐색 여부를 확인할 수 있어요.
필요에 따라 방사선 검사로 결석의 위치와 크기를 파악하며, 전신 증상이 동반된 경우에는 혈액검사를 통해 신장 수치, 전해질 균형, 염증 수치 등을 확인하게 돼요.

어떻게 치료하나요?

염증성 질환이 원인이라면 항생제, 소염제, 방광 보호제 등을 통해 약물 치료를 진행해요. 요로결석이나 폐색이 있을 경우에는 요도 카테터를 삽입해 소변을 배출하거나, 결석 제거 수술이 필요할 수 있어요. 수컷 고양이에서 요도 폐색이 반복된다면, 재발 방지를 위해 요도 확장 수술을 고려하게 되지요.
신경계 질환이 원인이라면 방광 수축제와 요도 이완제를 투여하고, 수액 치료를 병행해 전해질 균형을 회복하며 신장 기능을 보호해야 해요. 상태가 위중하다면 방광 천자나 응급 배뇨 조치가 시행될 수 있어요.
치료 이후에는 수분 섭취를 충분히 유지하고, 처방식을 급여하며 재발을 방지하는 노력이 필요해요. 스트레스 관리와 환경 안정도 큰 도움이 되며, 정기적인 재검진으로 아이의 배뇨 건강을 꾸준히 살펴주는 것이 가장 중요합니다.

우리 아이 소변색이 이상해요

정상적인 소변은 'urochrome'이라는 색소에 의해 옅은 노란 색을 띠고, 맑고 냄새가 강하지 않아요. 이는 신장이 정상적으로 기능하고 있고, 체내 수분 균형도 유지되고 있다는 뜻이지요.

수분 섭취량이 많아지면 소변이 연해질 수 있어요. 이럴 때는 대부분 건강상 큰 문제가 아닌 경우가 많아, 너무 걱정하지 않으셔도 괜찮아요. 다만, 소변 색이 붉거나 갈색으로 변하거나, 탁해지고 무색의 소변이 지속된다면 이상 신호일 수 있어요. 특히 배뇨 곤란, 식욕 저하, 기력 감소 같은 다른 증상도 함께 보인다면, 가능한 빠르게 병원을 방문하는 것이 안전해요.

⚠ 이런 경우라면 이상 소변을 의심해보세요.

☐ 소변 색이 붉거나 분홍빛을 띠어요.
☐ 소변이 짙은 갈색, 주황색 또는 뿌옇고 탁해요.
☐ 소변 냄새가 평소보다 강하고 불쾌하게 느껴져요.
☐ 배뇨 횟수가 갑자기 늘거나 감소했어요.

소변 색 변화의 원인은 무엇일까요?

1) 붉은색 또는 분홍빛 소변

비뇨기계 출혈 가능성을 가장 먼저 생각해요. 방광염, 요로결석, 신장 출혈 등이 주요 원인이며, 배뇨 시 통증과 배뇨 횟수 증가가 함께 보일 수 있어요. 드물게는 혈액 응고이상이나 면역 질환이 관련될 수도 있어요.

2) 짙은 갈색 또는 주황색 소변

간담도계 이상이나 심한 근육 손상이 있을 때 나타날 수 있어요. 간 기능에 문제가 생기면 빌리루빈이 소변으로 배출되면서 황달과 함께 소변이 짙은 갈색을 띠게 돼요. 또한, 심한 근육 손상 시 미오글로빈이 소변으로 나와 갈색으로 보일 수 있는데, 이 경우 현미경 검사에서 적혈구는 보이지 않는 특징이 있어요.

3) 뿌옇고 탁한 소변

소변이 흐리고 뿌옇다면 세균 감염이나 결석 형성을 의심해요. 대표적으로 방광염이나 요로 감염이 원인일 수 있고, 소변 냄새가 강하거나 배뇨 시 통증이 동반될 수 있어요.

4) 지나치게 묽고 무색인 소변

물을 과하게 마시거나, 신장 기능 저하, 내분비 질환이 있을 때 나타나요. 배뇨량이 많아지거나, 물을 자주 찾는 모습이 함께 보이면 정밀 검사가 필요해요.

병원 내원 전, 무엇을 살펴보면 좋을까요?

진료 전에 아래 내용을 정리해두면 아이의 상태를 더 정확히 전달할 수 있어요.

1) 소변 색 변화

☐ 언제부터 소변 색이 변했나요?
☐ 변화가 지속적인가요, 일시적인가요?
☐ 운동 후, 기상 직후 등 특정한 상황과 연관이 있나요?

☐ **소변 색의 변환는 어떤 형태였나요?**

(✓붉은색 ✓짙은 노란색 ✓탁하고 부연 색 ✓주황색)
☐ 소변 냄새가 평소보다 강한거나 이상한가요?

2) 배뇨 행동

☐ 배뇨 시 힘을 주거나 불편한 모습이 보이나요?
☐ 화장실을 자주 오가거나 배뇨 시간이 길어졌나요?
☐ 소변 중 낑낑거리거나 배뇨 실수가 증가했나요?
☐ 물 섭취량이 평소보다 늘거나 줄었나요?

3) 전신 상태 및 동반 증상

☐ 식욕 저하나 기력 감소가 관찰되나요?
☐ 복부를 만졌을 때 통증 반응이 있나요?

☐ 최근 구토나 설사 등의 소화기 증상이 있었나요?
☐ 현재 복용 중인 약물이 있나요?

병원에서는 어떤 과정을 거치게 될까요?

보호자님의 관찰 내용을 바탕으로, 먼저 아이의 전반적인 상태를 확인하기 위한 문진과 활력 징후 검사가 진행돼요. 이후 소변 색 변화의 정확한 원인을 파악하기 위해 단계적으로 필요한 검사를 실시하게 됩니다.

가장 먼저 시행되는 소변 검사에서는 단백질, 혈액, 염증 세포, 결석의 전조가 될 수 있는 결정 성분 등의 여부를 확인할 수 있어요. 하지만 소변 검사만으로는 모든 원인을 파악하기 어려워 복부 초음파 검사를 통해 구조적인 이상이 있는지를 함께 살펴보게 돼요. 만약 요로 폐색이나 결석이 의심될 경우에는 방사선 촬영을 통해 결석의 위치와 크기를 보다 명확히 확인할 수 있어요.

초음파 결과에서 특이 소견이 발견되거나, 전신 질환의 가능성이 있다면 혈액 검사를 추가로 진행해요. 이때는 신장과 간 수치, 염증 수치, 빈혈 여부 등을 종합적으로 평가하게 되지요. 반복되는 요로 감염에서는 소변 배양 검사를 통해 정확한 원인균을 찾아내어 치료 방향을 결정하게 됩니다.

어떻게 치료하나요?

소변 색 변화의 치료는 그 원인에 따라 다양하게 달라져요.
단순한 탈수나 식이 변화, 일시적인 감염이 원인이라면, 수액 공급과 식단 조절, 간단한 약물 처방만으로도 비교적 빠르게 호전될 수 있어요.
반면, 방광염이나 요로 감염, 신장 질환이 확인된다면 항생제와 소염제 등의 약물을 활용한 적극적인 내과적 치료가 필요해요. 이 경우에는 일정 기간 꾸준한 치료가 필요하며, 증상이 심하거나 전신 상태가 좋지 않다면 입원 치료가 권장되기도 하지요.
특히, 소변이 거의 나오지 않거나 방울방울 떨어지고 아이가 배뇨를 힘들어하는 경우에는 요로 폐색이 의심돼요. 이때는 요도 카테터를 삽입해 소변을 배출하고, 부족한 수분과 전해질을 보충해주는 응급 처치가 필요해요. 결석이 크거나 자연 배출이 어려운 위치에 있다면, 외과적 수술이 불가피할 수도 있어요.
드물게는 종양이 소변 색 변화의 원인이 되기도 해요. 이 경우에는 외과적 절제를 우선 시행한 후, 상황에 따라 항암치료나 지속적인 내과적 관리가 필요할 수 있어요.
무엇보다 중요한 건, 아이의 증상을 빠르게 알아차리고 조기에 병원에 내원해 원인에 맞는 적절한 치료를 받는 것입니다.

자는데 소변이 새요

자고 일어났는데 반려동물의 침대나 깔개가 축축하게 젖어 있다면, 처음에는 단순한 실수나 훈련 부족으로 생각하실 수도 있어요. 하지만 반려동물이 의도하지 않았는데 소변을 흘리는 모습은 단순한 문제가 아니라 실제로는 몸속 어딘가에 이상이 있다는 신호일 수 있어요. 이러한 상태를 수의학적으로는 '요실금'이라고 해요.

요실금은 나이, 성별, 기저 질환 등에 따라 다양한 원인으로 발생할 수 있어요. 치료 방법도 원인에 따라 달라지기 때문에 정확한 진단을 통해 원인을 파악하는 것이 무엇보다 중요해요.

⚠ 이런 경우라면 요실금을 의심해보세요.

☐ 자거나 가만히 있을 때 소변이 새요.
☐ 배뇨 자세 없이 소변이 흘러요.
☐ 소변을 본 뒤에도 방울방울 흘러요.
☐ 뒷다리나 배 주변 털이 자주 젖어 있어요.

요실금의 원인은 무엇일까요?

1) 요도 괄약근 약화

요도를 조여주는 괄약근의 힘이 약해지면, 의지와 무관하게 소변이 흘러나올 수 있어요. 특히 중성화한 암컷 강아지에서 호르몬 변화로 요도 기능이 저하되며 흔히 나타나요. 노령에 접어들며 근육의 탄력이 떨어져도 요실금이 생길 수 있어요.

2) 신경계 이상

방광은 신경의 정교한 조절을 통해 소변을 저장하고 배출해요. 신경 기능에 이상이 생기면 이 조절이 제대로 되지 않아 요실금이 발생할 수 있어요. 이때는 뒷다리 약화, 보행 이상, 통증 같은 신경 증상이 동반될 수 있어요.

3) 염증성 질환

방광염이나 요로감염, 결석 등 방광에 염증이 생기면 소변을 참기 어려워져 요실금처럼 보일 수 있어요. 이럴 땐 화장실을 자주 들락거리거나, 배뇨 시 통증을 보이는 등 다른 증상이 동반되는 경우가 많아요.

4) 구조적 문제 및 기타 원인

선천적으로 요관이 요도에 비정상적으로 연결된 경우나, 노화로 인해 조직 탄력이 저하된 경우에도 요실금이 생길 수 있어요. 드물지만 종양 등으로 인해 방광 기능이 저하될 수도 있지요.

병원 내원 전, 무엇을 살펴보면 좋을까요?

진료 전에 아래 내용을 정리해두면 아이의 상태를 더 정확히 전달할 수 있어요.

1) 소변 관련 증상
☐ 언제부터 소변이 새기 시작했나요?
☐ 자는 중이나 흥분할 때 등 특정 상황에서 발생하나요?
☐ 하루에 몇 번 정도 소변이 새나요?
☐ 소변 색이나 냄새에 변화가 있나요?
(✓피 섞임 ✓악취 ✓탁한 색)

2) 행동 변화
☐ 화장실을 자주 가거나 시도만 반복하나요?
☐ 배나 생식기 주변을 자주 핥나요?
☐ 기력 저하, 식욕 부진 등의 변화가 있나요?

병원에서는 어떤 과정을 거치게 될까요?

먼저 보호자님의 관찰 내용을 바탕으로, 단순한 실수인지 아니면 질환으로 인한 요실금인지를 평가해요. 이어서 기본적인 소변 검사를 통해 방광염,

요로 감염, 결석 여부를 확인하고, 필요한 경우 혈액 검사를 통해 신장 기능이나 전신 질환 유무도 함께 살펴보게 돼요.
구조적인 이상이 의심될 땐 복부 초음파나 방사선 촬영을 통해 방광, 요도, 신장의 형태적 변화를 확인하고, 신경계 이상이 의심되는 경우에는 신경학적 검사를 통해 뒷다리 반사, 통증 반응, 보행 상태 등을 평가해요.

어떻게 치료하나요?

요실금은 원인을 정확히 파악한 뒤, 그에 맞는 치료법을 선택해야 해요.
염증이나 감염이 원인이라면 항생제를 사용해 염증을 가라앉히고, 요도 괄약근의 기능 저하가 원인이라면 방광 입구 근육의 수축력을 높여주는 약물이나 호르몬 균형을 도와주는 약물을 사용할 수 있어요. 일부 약물은 장기적인 투약이 필요할 수 있어요.
신경계 손상으로 인한 경우라면, 신경 재활 치료와 함께 배뇨를 돕는 약물 치료를 병행하게 되고, 선천성 기형이나 약물로 조절되지 않는 경우에는 외과적 수술이 필요할 수도 있어요.
이와 함께 생활 속 관리도 중요해요. 밤에는 수분 섭취를 줄여주고, 잠들기 전 화장실에 다녀오게 유도하는 것이 도움이 돼요. 기저귀나 방수 매트를 사용할 경우, 피부가 짓무르지 않도록 자주 교체하고 청결히 관리하는 것도 잊지 말아 주세요.

소변을 많이 봐요

소변을 많이 보는 상태를 '다뇨'라고 해요. 일반적으로 하루 소변량이 체중 1kg당 50ml를 초과할 때를 의미하지만, 가정에서는 정확한 양을 측정하기 어려우므로 평소보다 소변의 양이나 횟수가 눈에 띄게 늘고 색이 옅어졌다면 다뇨를 의심해볼 수 있어요. 이와 함께 물 마시는 양도 늘어났다면, 반드시 함께 지켜봐야 해요.

다만 이런 변화가 항상 질병을 의미하는 것은 아니에요. 더운 날씨에 물을 많이 마시거나 식단이 바뀐 경우, 혹은 스트레스나 흥분으로 인해 일시적으로 소변량이 증가할 수도 있어요. 이럴 땐 대부분 며칠 내로 자연스럽게 회복돼요.

하지만 다뇨가 며칠 이상 지속되거나 소변 냄새가 달라지고, 체중 감소나 식욕 변화 같은 전신 증상이 동반된다면 병적인 원인을 반드시 확인해보아야 해요. 특히 현재 복용 중인 약물이 있다면, 그것이 원인일 수 있으므로 꼭 수의사와 상담하셔야 합니다.

⚠ 이런 경우라면 병적인 다뇨를 의심해보세요.

☐ 평소보다 물을 훨씬 많이 마셔요.

☐ 소변의 횟수와 양이 모두 늘고, 색이 연해졌어요.

☐ 실내에서 소변 실수가 잦아졌어요.

☐ 밤중에도 자주 깨서 화장실을 가요.

☐ 체중이 줄거나 식욕에 변화가 있어요.
☐ 소변 냄새가 예전과 달라졌어요.

다뇨의 원인은 무엇일까요?

1) 장기 기능 이상

신장은 노폐물을 배출하고 수분 균형을 조절하는 중요한 기관이에요. 신장 기능이 떨어지면 소변을 농축하는 능력이 저하되며, 그 결과 묽은 소변을 자주 보게 돼요. 대표적인 질환으로는 만성 신부전, 급성 신부전, 신장염 등이 있으며, 특히 노령 고양이에서 흔하게 나타나요.

2) 호르몬 및 전해질 이상

내분비계의 이상도 다뇨의 원인이에요. 당뇨병은 혈당이 높아지며 과도한 당과 수분이 소변으로 배출되기 때문에 소변량이 늘고 물을 자주 마시게 돼요. 이때 식욕은 유지되거나 오히려 증가하지만, 체중은 감소하는 경우가 많아요. 쿠싱증후군은 부신에서 스테로이드 호르몬이 과도하게 분비되며, 이로 인해 신장의 수분 재흡수 기능이 저하되고 다뇨가 생겨요. 복부 팽만, 피부가 얇아지는 변화, 털 빠짐 등의 특징적인 증상도 함께 나타날 수 있어요. 고칼슘혈증 역시 수분 재흡수에 영향을 주어 다뇨를 일으켜요. 이는 일부 림프종이나, 드물게는 부갑상샘 기능 항진증 같은 질환에서 동반될 수 있어요.

3) 약물 등 외부 요인

스테로이드제, 이뇨제, 일부 항경련제 등은 소변 양을 증가시키는 작용을 해요. 복용 중인 약물이 있다면 수의사와 반드시 상의해 약물 조정이 필요한지 확인해야 해요.

병원 내원 전, 무엇을 살펴보면 좋을까요?

진료 전에 아래 내용을 정리해두면 아이의 상태를 더 정확히 전달할 수 있어요.

1) 배뇨 습관

☐ 하루 소변 횟수는 몇 번인가요?
☐ 소변량이 눈에 띄게 늘었나요?
☐ 배뇨 자세나 행동에 이전과 다른 점이 있나요?
☐ 밤중에도 자주 깨어 화장실을 가나요?

2) 전신 상태 및 동반증상

☐ 체중이나 식욕에 변화가 있나요?
☐ 기력이 없고 활동량이 줄었나요?
☐ 구토, 설사 등의 다른 증상은 없나요?

병원에서는 어떤 과정을 거치게 될까요?

병원에 내원하면, 우선 반려동물의 전신 상태를 빠르게 파악하기 위해 활력 징후를 체크하고, 체중과 점막 색깔, 탈수 여부 등을 확인하게 됩니다. 이어서 다뇨의 원인을 알아보기 위해 혈액검사와 소변검사를 기본적으로 진행해요.

혈액검사에서는 신장, 간, 췌장 등의 장기 기능과 함께 전해질 균형, 혈당 상태 등을 확인할 수 있어요. 특히 혈당이 높게 나타나면 당뇨병을, 신장 수치가 상승해 있다면 만성 신부전이나 급성 손상 가능성을 고려하게 되지요. 소변검사는 요비중, 단백뇨, 혈뇨, 당뇨 여부 등을 평가하는 데 사용되며, 요비중이 낮게 나올 경우 소변을 농축하는 능력이 저하된 상태로 판단할 수 있어요. 감염이나 염증의 흔적이 있는지도 함께 확인할 수 있답니다.

기초 검사에서 명확한 원인이 드러나지 않거나, 특정 질환이 의심될 경우에는 더욱 정밀한 추가 검사가 필요할 수 있어요. 예를 들어 쿠싱증후군이 의심되면 부신의 기능을 평가하는 ACTH 자극검사를 실시하고, 당뇨병의 혈당 조절 상태를 자세히 확인하려면 하루 동안의 혈당 변화를 추적하는 혈당 곡선 검사나 당화혈색소(HbA1c) 검사를 진행할 수 있어요. 또한, 초음파나 방사선 촬영을 통해 신장, 간, 부신, 방광 등의 구조적인 이상 유무를 확인하기도 해요.

어떻게 치료하나요?

다뇨는 질병이 아니라 하나의 증상이에요. 따라서 무엇보다도 그 원인이 되는 질환을 정확히 찾아내는 것이 가장 중요해요. 치료는 원인에 따라 달라지며, 대부분은 내과적 치료를 중심으로 진행되지만 경우에 따라 외과적 처치나 응급 대응이 필요한 상황도 있을 수 있어요.

내과적 치료는 약물 요법, 식이 조절, 수액 요법 등을 통해 이루어져요. 예를 들어 만성 신부전이라면 신장 기능 보전을 위한 약물과 신장 전용 처방식을, 당뇨병이라면 인슐린 주사와 혈당 조절을 위한 식이관리를, 쿠싱증후군이라면 부신 호르몬 분비를 조절하는 약물 치료를 꾸준히 진행해요.

외과적인 치료가 필요한 경우도 있어요. 방광에 결석이 생겨 소변의 흐름을 방해하고 있다면 수술을 통해 결석을 제거해야 하고, 호르몬에 영향을 주는 종양이 발견되었다면 제거 수술을 고려할 수 있어요.

또한, 심한 탈수나 전해질 불균형, 급격한 신장 기능 저하 같은 응급 상황이 동반된다면 빠른 수액 치료와 전해질 보정, 집중적인 중환자 모니터링이 필요할 수 있어요. 이런 경우에는 단순한 대증 치료를 넘어서, 생명을 지키기 위한 적극적인 처치가 즉시 이루어져야 하지요.

PART 4
소화기계

★ 즉시 병원에 가야 하는 응급 증상

- ☑ 구토나 설사가 지속되거나 피가 섞여 나오는 경우
- ☑ 하루 이상 전혀 먹지 않거나 기운이 많이 떨어진 경우
- ☑ 배를 만졌을 때 통증을 보이거나 단단하게 굳은 경우
- ☑ 검은색 변이나 선혈이 묻은 변을 보는 경우
- ☑ 헛구역질, 침 흘림, 삼키려는 행동이 반복되는 경우
- ☑ 복부 팽만이 있고, 불편한 자세를 유지하는 경우

⚠ 주의해서 관찰해야 할 증상

- ☑ 가끔 구토하지만, 식욕은 유지되는 경우
- ☑ 변이 묽어졌지만 피가 섞이지 않은 경우
- ☑ 식사량이 줄었거나, 먹는 속도가 느려진 경우
- ☑ 트림이나 속이 불편한 듯한 행동이 반복되는 경우

이런 증상이 나타난다면, 아이의 상태를 조금 더 세심하게 지켜봐 주세요. 갑자기 바뀐 음식이나 기호성 간식은 잠시 중단하고, 평소 먹던 사료만 소량씩 나누어 급여하는 것이 좋아요. 물은 항상 신선하게 제공하고, 아이가 조용하고 편안한 공간에서 충분히 쉴 수 있도록 환경을 마련해주세요.
또한 증상이 나아지고 있는지, 혹은 악화되고 있는지를 하루하루 꼼꼼히 확인하는 것이 중요해요. 구토나 설사의 횟수가 줄어드는지, 기력이 조금씩 회복되는지, 하루 동안 먹은 사료의 양이 일정한지, 식사나 물을 마신 직후 증상이 악화되지는 않는지를 기록해두면 병원 진료 시 큰 도움이 되고, 회복 경과를 평가하는 데도 유용한 기준이 될 수 있답니다.

우리 아이의 소화기관,
어떻게 작동할까?

"왜 우리 강아지는 밥을 먹고 나면 토하지?", "고양이는 왜 사료를 씹지 않고 삼켜버릴까?" 반려동물과 함께하다 보면 소화에 대한 궁금증이 한두 가지가 아니죠. 작고 복잡한 아이들의 몸속에서는 어떤 일이 벌어지고 있는 걸까요? 지금 부터 강아지와 고양이의 소화기관이 어떻게 작동하는지, 그 신비로운 여정을 함께 따라가 볼게요.

1. 입과 치아: 소화의 첫 관문

강아지: 씹는 기능이 발달한 잡식성

강아지는 42개의 치아를 가지고 있어요. 앞니는 자르고, 송곳니는 고기를 찢고, 어금니는 음식을 으깨는 역할을 하죠.
다양한 식성을 가진 만큼, 씹는 기능도 잘 발달되어 있어요.
하지만 모든 강아지가 음식을 꼭꼭 씹어 먹는 건 아니에요. 너무 빨리 먹거나 씹지 않고 삼키는 습관이 있다면 위에 부담이 될 수 있어요. 퍼즐 피더 같은 급여 도구를 활용하면 식사 속도를 조절하는 데 도움이 될 수 있어요.

고양이 : 고기를 찢어 삼키는 포식자

고양이는 완전한 육식동물이에요. 총 30개의 날카로운 치아는 고기를 찢어 삼키기에 적합한 구조이며, 음식을 잘게 부수는 어금니는 거의 없답니다. 그래서 사료를 씹지 않고 삼켜버리는 경우가 많고, 너무 크거나 딱딱한 사료는 먹기 힘들어할 수 있어요. 나이와 치아 상태, 씹는 습관을 고려해 알맞은 사료를 선택해주는 것이 중요해요.

2. 식도: 음식이 지나가는 미끄럼틀

삼킨 음식은 길고 탄력 있는 식도를 따라 위로 이동해요. 식도는 음식이 부드럽게 이동할 수 있도록 도와주는 통로예요. 하지만 너무 급하게 먹거나 음식 조각이 큰 경우, 식도에 걸리는 '식도 이물'이 발생할 수 있어 주의가 필요해요.

3. 위: 강력한 소화 믹서기

위는 본격적인 소화가 시작되는 기관이에요. 위산과 다양한 소화 효소가 음식물을 잘게 분해하는 역할을 해요. 강아지의 위는 크고 유연해서 한 번에 많은 양의 음식도 비교적 잘 소화할 수 있어 하루 1~2회 급여해도 문제가 없는 경우가 많아요. 반면 고양이는 위 용적이 작고 예민한 편이라 소량씩 여러 번 나눠 먹는 식사 방식이 더 잘 맞아요.

강아지가 풀을 뜯어 먹거나, 고양이가 공복 상태에서 노란 액을 토하는 모습은 위산 과다로 인한 불편감의 표현일 수 있어요. 이런 경우엔 식사 간격을 너무 길지 않도록 조절하는 것이 좋아요.

4. 소장: 영양소가 흡수의 핵심 장소

소장은 음식 속 영양소를 흡수하는 주요 기관이에요. 강아지와 고양이 모두 소장이 비교적 짧기 때문에 식이섬유를 소화하는 데에는 한계가 있어요. 식이섬유는 장 건강에 도움이 되지만, 과도하게 주면 설사나 영양 흡수 저해를 유발할 수 있어 적당량만 급여하는 것이 중요해요.

소장은 세 구간으로 나뉘어요. 십이지장에서는 간과 췌장에서 분비된 담즙과 소화 효소가 단백질과 지방을 분해해요. 이어지는 공장과 회장에서는 잘게 분해된 다양한 영양소가 몸속으로 흡수되는 구간이에요.

여기서 강아지와 고양이의 중요한 차이점이 하나 있어요. 고양이는 탄수화물 소화 효소가 거의 없어 탄수화물 소화 능력이 낮고, 단백질과 지방 위주의 식단이 적합해요. 반면 강아지는 잡식 동물로서 어느 정도 탄수화물도 소화할 수 있어요.

이처럼 사료는 동물의 종에 맞게 선택하는 것이 중요해요. 고양이가 강아지 사료를 먹거나, 반대로 강아지가 고양이 사료를 먹는다면 영양 불균형이나 소화 장애로 이어질 수 있으니 주의해주세요.

5. 대장과 항문: 소화의 마지막 단계

소장에서 흡수되지 못한 찌꺼기는 대장으로 이동해 수분이 흡수되고, 최종적으로 변이 만들어져요.

강아지는 대장이 비교적 길어 다양한 음식에 대한 소화 적응력이 높은 편이에요. 하지만 갑작스러운 사료 변경은 장내 유익균의 균형을 무너뜨려 설사를 유발할 수 있어요. 새로운 사료는 5~7일에 걸쳐 천천히 바꿔주는 것이 좋아요.

고양이는 대장이 짧고, 물을 스스로 많이 마시지 않는 습성이 있어 변비가 생기기 쉬워요. 물을 자주 갈아주고, 습식 사료를 함께 급여하면 수분 섭취량이 늘어나 변비 예방에 도움이 돼요.

강아지와 고양이의 소화기관은 섬세하고 정교하게 작동해요. 사료의 종류, 식사 습관과 속도 같은 작은 요소들 하나하나가 아이의 소화 건강에 큰 영향을 미칠 수 있어요. 아이의 식사 시간은 단순한 '밥 먹는 시간'이 아니라, 건강을 지키는 중요한 순간이에요. 평소 아이의 변화에 귀 기울이고, 따뜻한 관심으로 지켜봐 주세요.

요즘 밥을 잘 안 먹어요

"물그릇도 그대로고, 좋아하던 간식에도 반응이 없어요." "밥그릇 앞에 앉아 있다가도 한두 입 먹고는 뒤돌아서요." '식욕 부진'은 단순히 밥을 안 먹는다는 의미만은 아니에요. 아이의 몸 어딘가가 아프거나, 마음이 불편할 때 나타나는 하나의 건강 신호예요.

모든 식욕 저하가 꼭 병을 의미하지는 않아요. 이사나 여행, 낯선 가족 구성원, 다른 동물의 등장처럼 환경 변화에 따른 일시적인 반응일 수도 있고, 더운 날씨로 인해 활동량이 줄면서 식사량이 함께 감소할 수도 있어요. 또 간식이나 사람 음식을 자주 접한 아이들 중에는 사료에 흥미를 잃는 경우도 있지요. 발정기에 접어든 반려동물이라면 호르몬 변화로 식욕이 줄 수 있고, 특히 수컷은 주변 암컷의 냄새에만 집중하면서 식사에는 관심을 보이지 않기도 해요.

하지만 식욕 저하가 며칠 이상 이어지거나, 기력 저하나 다른 증상이 함께 나타난다면 단순한 입맛 변화로 보기보다 병적인 원인을 확인해보아야 해요.

⚠ 이런 경우라면 병적인 식욕부진을 의심해보세요.

☐ 사료뿐 아니라 좋아하던 간식도 먹지 않아요.

☐ 밥그릇에 다가가 냄새만 맡고 돌아서요.
☐ 하루 이상 식사량이 절반 이하로 줄었어요.
☐ 씹거나 삼키는데 어려움을 보이고, 속도가 느려졌어요.
☐ 구토, 설사, 체중 감소 등의 증상이 동반돼요.
☐ 특별한 환경 변화가 없는데도 식욕이 계속 떨어져요.

식욕감소의 원인은 무엇일까요?

1) 소화기 문제

위염, 장염, 췌장염처럼 위장관에 염증이 생기면 음식을 받아들이기 어려워져 식사를 거부하게 돼요. 이럴 땐 구토, 설사, 복통 같은 소화기 증상이 함께 나타나는 경우가 많아요.

또한, 치주염이나 구내염처럼 입 안에 통증이 생기면 씹거나 삼키는 과정이 고통스러워 식사를 피하게 돼요. 사료를 한쪽으로만 씹으려 하거나 턱을 비비는 행동, 사료를 자주 흘리는 모습이 있다면 구강 내 통증을 의심해보세요.

2) 전신 질환

신장병, 간질환, 당뇨병 같은 만성 질환은 전신 컨디션을 떨어뜨려 식욕을 감소시켜요. 예를 들어 만성 신부전에서는 구토, 식욕 저하, 구취가 동반되며, 당뇨병은 초기에 식욕이 오히려 늘다가 병이 진행되면 점차 줄어드는 양상을 보이기도 해요. 이외에도 갑상샘 기능 저하증, 부신 기능 저하증 등 호르몬 불균형을 동반하는 내분비 질환에서도 식욕 저하가 나타날 수 있어요.

3) 통증

구강 질환뿐 아니라 관절염, 척추 통증처럼 몸 어딘가가 아픈 경우에도 밥을 먹지 않을 수 있어요. 통증이 있는 경우에도 식욕이 감소돼요. 특히 노령 반려동물에서 밥그릇 앞까지 가는 것이 힘들어 식사를 포기하는 모습이 보이기도 하지요.

4) 기타 원인

종양, 전신 염증, 면역계 이상, 발열 등도 식욕을 떨어뜨릴 수 있어요. 특히 고령의 반려동물이 갑자기 식사를 거부한다면, 종양성 질환의 가능성도 염두에 두고 검사를 받아보는 것이 좋아요.

병원 내원 전, 무엇을 살펴보면 좋을까요?

아이의 상태를 정확히 전달하기 위해 아래 내용을 정리해 주세요.

1) 식사 습관 변화

☐ 식욕이 줄기 시작한 시점은 언제인가요?

- [ ] 전혀 먹지 않나요, 아니면 먹는 양이 줄었나요?
- [ ] 사료, 간식, 습식 중 특정 종류만 거부하나요?
- [ ] 냄새만 맡고 돌아서거나 먹다 멈추는 행동이 있나요?

2) 전신 상태 및 동반 증상

- [ ] 체중이 줄었거나 마른 느낌이 드나요?
- [ ] 구토, 설사, 복부 팽만 등의 소화기 증상이 동반됐나요?
- [ ] 평소보다 기력이 없고 무기력해 보이나요?
- [ ] 물을 많이 마시거나, 물 섭취량이 줄었나요?
- [ ] 입 냄새가 심하거나, 침을 과도하게 흘리나요?

3) 식이 및 환경 변화

- [ ] 최근 사료나 간식을 바꾼 적이 있나요?
- [ ] 뼈, 장난감, 쓰레기 등 이물을 삼켰을 가능성은 없나요?
- [ ] 함께 지내는 다른 반려동물도 식욕이 줄었나요?
- [ ] 이사나 보호자의 부재처럼 스트레스 요인이 있었나요?

식욕 감소가 하루 이틀에 그치고, 다른 이상 증상이 없다면 보호자님이 직접 시도해볼 수 있는 방법들도 있어요. 단, 기력 저하나 구토 등 다른 증상이 함께 있다면 자가 관찰보다는 빠른 병원 내원이 우선이에요.

☐ 사료를 바꿔보세요

기호성이 높거나 향이 강한 사료, 습식 사료나 간식을 소량 섞어 보세요.

☐ **사료를 데워보세요**

습식 사료를 살짝 데우면 향이 진해져 식욕을 유도할 수 있어요. 너무 뜨겁지 않게 손등으로 온도를 꼭 확인해주세요.

☐ **식사 환경을 편하게 조성해보세요**

낯선 소음이나 다른 동물의 간섭이 없는, 조용하고 편안한 공간에서 식사할 수 있도록 도와주세요. 식기의 높이도 아이의 체격에 맞게 조절해보세요.

☐ **함께 있어 주세요**

보호자가 옆에 있는 것만으로도 심리적 안정감을 얻는 아이들이 있어요. 같이 있어주고 부드럽게 말 걸어주면 식사를 이어가는 데 도움이 돼요.

병원에서는 어떤 과정을 거치게 될까요?

보호자님의 관찰 내용을 바탕으로 상담을 진행해요. 식욕이 줄기 시작한 시점, 동반 증상, 식이 변화 등을 함께 확인하며 아이의 전반적인 건강 상태를 평가하지요.

이후 신체검사를 통해 체온, 점막 색, 탈수 여부 등을 확인하고, 혈액검사로 빈혈, 염증 수치, 간·신장 기능, 혈당 수치 등을 점검해요. 소변검사는 탈수 상태나 신장 기능을 보다 정확히 파악하는 데 도움이 되며, 방사선 촬영을 통해 복부 장기의 구조나 이물 여부, 종양 등의 이상 유무를 확인할 수 있어요.

필요한 경우에는 초음파 검사, 췌장 효소 검사, 갑상샘·부신 기능 검사, PCR·배양 검사 등 정밀 검사가 추가로 진행돼요.
만약 궤양, 이물, 종양 등 위장관 내 문제가 의심될 때는 내시경으로 직접 내부를 살펴보고 조직 검사를 진행할 수도 있어요.

어떻게 치료하나요?

검사 결과에 따라 내과적 치료, 외과적 치료, 응급 처치 중 가장 적절한 방향으로 치료가 진행돼요.
염증, 감염, 내분비 이상 등으로 인해 생긴 문제라면 수액 요법과 함께 위장약, 항생제, 호르몬 조절제 등을 사용해 증상을 조절하고, 식욕촉진제를 일시적으로 병행할 수 있어요.
이물, 장중첩, 종양처럼 구조적인 이상으로 생긴 문제는 위치와 크기에 따라 내시경 또는 개복 수술로 문제를 해결하며, 병의 진행 상태에 따라 치료 범위가 달라질 수 있어요.
그리고 급성 중독, 심한 탈수, 패혈증, 저혈당 같은 응급 상황에서는 빠른 수액, 해독제, 항생제, 포도당 등의 집중 치료가 필요하며, 상태가 안정될 때까지 입원이 필요할 수도 있어요.

밥을 먹어도 계속 배고파해요

평소보다 식욕이 눈에 띄게 늘어난 상태를 '다식'이라고 해요. 물론 다식이 항상 문제를 의미하는 것은 아니에요. 성장기, 임신·수유기, 활동량이 많은 시기, 혹은 추운 날씨처럼 에너지 소모가 많은 상황에서는 자연스럽게 식욕이 증가할 수 있어요.

하지만 특별한 이유 없이 식욕이 갑자기 증가하고, 그 변화가 며칠 이상 지속된다면 몸속 에너지 균형에 이상이 생겼다는 신호일 수 있어요. 특히 물을 많이 마시거나 소변량이 함께 늘어난다면, 단순한 컨디션 변화로 보기보다는 아이의 몸 상태를 더 세심하게 살펴봐야 해요.

⚠ 이런 경우라면 병적인 다식을 의심해보세요.

☐ 평소보다 섭취량이 20~30%이상 늘어났어요.
☐ 변이 기름지거나 묽어지고, 구토나 설사가 동반돼요.
☐ 물을 유난히 많이 마시고 소변량이 늘어났어요.
☐ 체중이 갑자기 줄거나 급격히 증가했어요.
☐ 활동량이 비정상적으로 늘어나거나 무기력해 보여요.

다식의 원인은 무엇일까요?

우리도 에너지가 부족할 때 배고픔을 느끼듯, 반려동물 역시 체내 에너지가 충분하지 않으면 식욕이 생겨요. 이 '배고픔'은 단순한 욕구가 아니라, 호르몬, 신경계, 소화 상태 등 다양한 요소의 영향을 받아 정교하게 조절되는 생리 반응이에요. 이러한 조절은 뇌의 시상하부에서 이루어지며, 몸의 에너지 대사를 균형 있게 유지하는 핵심 역할을 해요.

따라서 활동량은 그대로인데 식욕만 증가하고, 체중 변화나 배변 상태에 이상이 있다면 이 조절 과정에 문제가 생긴 것은 아닌지 의심해볼 필요가 있어요.

1) 내분비 질환

호르몬은 체내 에너지 대사에 직접적인 영향을 미치기 때문에, 이 균형이 무너지면 식욕 변화가 뚜렷하게 나타나요.

예를 들어 당뇨병은 인슐린의 작용에 문제가 생기면서 세포가 포도당을 제대로 이용하지 못하게 되는데, 이로 인해 식사는 많지만 체중은 오히려 감소하는 현상이 생길 수 있어요. 고양이에서 흔하게 나타나는 갑상샘기능항진증은 기초 대사율이 올라가면서 식욕이 왕성해지고, 체중이 줄며 예민하거나 활동량이 늘어나는 모습이 함께 관찰돼요. 강아지에게 비교적 흔한 쿠싱증후군은 부신에서 코르티솔이라는 스트레스 호르몬이 과다 분비되면서 식욕 증가뿐 아니라 복부 팽만, 다음·다뇨 증상도 함께 나타나요.

2) 소화 흡수 장애

먹은 양은 많지만 몸이 그 영양을 제대로 흡수하지 못하면 계속해서 허기짐을 느낄 수밖에 없어요. 외분비췌장부전은 췌장에서 소화 효소 분비가 부족한 질환으로, 식욕은 높지만 체중은 줄고, 변은 기름지고 양이 많아지는 특징이 있어요. 염증성 장질환은 장 점막에 염증이 생기면서 흡수 기능이 저하되고, 그 결과 다식과 함께 설사나 구토 같은 소화기 증상이 나타날 수 있어요.

3) 신경계 이상

시상하부에 종양이 생기거나 외상으로 손상되면 정상적인 식욕 조절이 어려워져 과도한 배고픔 신호가 생길 수 있어요.
흔한 경우는 아니지만, 원인 불명의 다식이 장기적으로 지속된다면 이 가능성도 고려해볼 필요가 있어요.

4) 약물 부작용

스테로이드나 일부 항경련제, 신경계 약물처럼 특정 약물 복용이 식욕을 자극하는 경우도 있어요. 만약 약을 먹고 난 뒤 식욕이 급격히 늘었다면, 약물과의 관련성을 꼭 확인해봐야 해요.

병원 내원 전, 무엇을 살펴보면 좋을까요?

아이의 상태를 정확히 전달하기 위해 아래 내용을 정리해주세요.

1) 식욕 변화의 시점과 양상

- ☐ 언제부터 식욕이 늘었나요?
- ☐ 공복, 식후, 밤 등 특정 시간대에 유난히 배고파하나요?
- ☐ 보호자가 제한하지 않으면 계속 먹으려고 하나요?
- ☐ 과거에도 비슷한 증상이 있었나요?

2) 전신 상태 및 동반 증상

- ☐ 체중이 갑자기 늘거나 줄었나요?
- ☐ 물을 많이 마시거나, 소변량이 증가했나요?
- ☐ 구토, 설사, 변비 등 소화기계 증상이 함께 있나요?
- ☐ 배가 불러보이거나, 허리 근육이 빠졌나요?
- ☐ 털이 빠지거나, 피모가 거칠어졌나요?
- ☐ 평소보다 활동량이 달라졌나요?

3) 식이 및 환경 변화

- ☐ 최근 사료나 간식을 바꿨나요?
- ☐ 생활환경에 변화나 스트레스 요인이 있었나요?
- ☐ 함께 지내는 반려동물에게도 유사한 증상이 있나요?
- ☐ 최근 복용한 약이나 예방접종 이력이 있나요?
- ☐ 중성화 이후 식욕 변화가 생겼나요?

만약 아이가 다른 이상 없이 다식만 보이고 전반적인 컨디션은 안정적이라면, 며칠간은 보호자가 간단한 방법으로 관찰을 이어가며 조절해볼 수 있어요.

□ **식사량을 확인해보세요**

하루에 먹는 사료량이 포장지에 적힌 권장 급여량보다 많지는 않은지 점검해보세요.

□ **식사 시간을 정해두고 급여해보세요**

자율 급식 대신 정해진 시간에 정해진 양만 제공하면, 식욕 패턴을 확인하는 데 도움이 돼요.

□ **활동량을 점검해보세요**

최근 산책이나 놀이 시간이 줄거나 늘었는지 확인해보세요.

병원에서는 어떤 과정을 거치게 될까요?

보호자의 관찰 내용을 바탕으로 문진과 기본 신체 검사를 진행하고, 원인을 감별하기 위한 검사를 이어가게 돼요.

가장 기본이 되는 혈액검사를 통해 내분비 질환이나 간, 신장 등 주요 장기의 건강 상태를 확인해요. 소변검사는 다음·다뇨가 있는 경우 특히 중요하며, 신장 기능과 함께 당뇨 여부 확인에도 도움이 돼요.

고양이에서 체중 감소와 식욕 증가가 함께 나타난 경우에는 갑상샘 호르몬 수치를 확인하는 검사가, 강아지에게 복부 팽만과 다식·다뇨가 있다면 쿠싱증후군 평가를 위한 호르몬 검사가 추가될 수 있어요. 당뇨병이 의심된다면 최근 1~2주 동안의 평균 혈당 상태를 알 수 있는 프럭토사민 검사를 진행하게 돼요.

또한, 체중 감소, 구토, 변 상태 변화처럼 소화기계 증상이 동반된 경우에는 복부 초음파 검사를 통해 주요 장기의 구조적 이상이 있는지를 확인할 수 있어요.

어떻게 치료하나요?

대부분은 약물 치료와 식이 조절, 수액 요법을 중심으로 한 내과적 치료가 이루어지며, 당뇨병으로 진단된 경우에는 인슐린 투여와 함께 식이 조절이 필요하고, 갑상샘기능항진증은 갑상샘 호르몬을 억제하는 약을 통해 치료해요. 쿠싱증후군은 부신에서의 호르몬 분비를 조절하는 약물을 사용하게 돼요. 소화 효소가 부족한 외분비췌장부전에는 소화효소 보충제를 복용하고, 염증성 장질환은 장의 염증을 조절하는 약과 함께 저자극 식단을 제공해요. 필요에 따라 고단백·저탄수화물 식단이나 저지방식, 고섬유식 등 맞춤 식이요법이 병행돼요. 드물지만 뇌에 생긴 종양처럼 신경계 이상이 원인일 경우는 수술이나 신경과적 치료가 필요할 수 있어요. 저혈당, 중독, 심한 탈수 같은 응급 상황에서는 수액과 포도당, 해독제, 항생제 등 빠른 처치를 통한 안정화가 우선적으로 이루어져요.

반복적으로 구토를 해요

반려동물이 토하는 모습을 보면 '혹시 잘못 먹은 건 아닐까?', '큰 병의 전조는 아닐까?' 하고 걱정이 앞서지요. 구토는 단순한 위장 자극에서부터 감염, 대사성 질환, 독성 물질 섭취까지 다양한 원인을 가질 수 있어요. 그래서 아이가 얼마나 자주 토했는지, 토한 내용물이 어떤지, 다른 증상이 함께 있는지를 세심히 살펴보는 것이 중요하답니다.

예를 들어 밥을 급하게 먹고 바로 토하거나, 고양이가 헤어볼을 토해내는 경우처럼 일시적인 구토는 비교적 흔한 일이에요. 하지만 하루에 여러 차례 반복되거나 식욕이 떨어지고 무기력해지며 설사 등 전신 증상이 동반된다면, 단순히 위장이 불편한 정도가 아닐 수 있어요. 특히 구토물에 거품, 담즙, 피 등이 섞여 있거나 구토 후에도 헛구역질과 복부 불편이 지속된다면 내과적 질환이나 응급 상황의 가능성을 반드시 고려해야 해요.

⚠ 이런 경우라면 병적인 구토를 의심해보세요.

☐ 하루 3회 이상 또는 며칠간 반복돼요.
☐ 설사, 무기력, 식욕 저하 등 전신 증상이 함께 보여요.
☐ 구토물에 피가 섞여 있어요.
☐ 거품, 투명한 액체, 노란색 담즙을 반복적으로 토해요.
☐ 구토 후에도 헛구역질을 하고 배를 불편해해요.

구토의 원인은 무엇일까요?

1) 위장관 문제

상한 음식이나 기름진 음식, 유제품 섭취는 급성 위염을 유발할 수 있어요. 실, 장난감 조각처럼 삼킨 이물은 장폐색을 일으킬 수 있는데, 이는 빠른 수술이 필요한 응급 상황이에요. 위점막 손상으로 인한 위궤양에서는 피가 섞인 구토가 나타나기도 해요.

2) 감염성 질환

살모넬라, 대장균, 파보바이러스(강아지), 코로나바이러스(고양이) 등 감염병은 구토뿐 아니라 설사, 발열, 탈수 등 전신 증상을 함께 유발해요. 전염 가능성이 있으므로 다른 반려동물과 격리하고 바로 병원에 내원하시는 것이 좋아요.

3) 대사성 질환

신장이나 간의 기능 이상, 당뇨병처럼 체내 대사에 영향을 주는 질환은 노폐물이 쌓이거나, 혈당·전해질 균형이 무너지면서 위장관 자극을 일으켜 구토를 유발할 수 있어요. 특히 당뇨병 환자는 케톤산증이라는 위급한 상태로 이어질 수 있으니 각별히 주의가 필요해요.

4) 독성 물질 또는 약물

초콜릿, 포도, 양파, 백합, 사람용 약 등은 동물에게 치명적일 수 있어요.

이물이나 독성 물질을 삼킨 직후엔 구토가 가장 먼저 나타나며, 이후 상태가 급격히 악화될 수 있답니다. 섭취가 의심된다면 지체 없이 병원에 가주세요.

병원 내원 전, 무엇을 살펴보면 좋을까요?

진료 전에 아래 내용을 정리해두면 아이의 상태를 더 정확히 전달할 수 있어요.

1) 구토 발생 시점 및 빈도

☐ 처음 구토한 시점은 언제인가요?
☐ 하루에 몇 번 구토했나요? (간헐적 / 지속적)
☐ 특정 시간대나 상황에서 구토가 반복되나요?
☐ 과거에도 비슷한 구토 증상이 있었나요?

2) 구토의 양상

☐ 구토물의 색깔은 어떤가요?
(노란색, 흰색 거품, 투명한 액체, 갈색, 붉은색 등)
☐ 음식물이 소화된 상태였나요, 소화되지 않은 상태였나요?
☐ 구토물에 피나 이물질이 섞여 있진 않았나요?

3) 전신 상태 및 동반 증상

☐ 식욕 저하나 체중 변화가 있었나요?
☐ 유연, 트림, 설사, 변비 같은 소화기계 증상이 있었나요?
☐ 기운이 없거나, 평소보다 무기력해 보이진 않았나요?

4) 식이 및 환경 변화

☐ 새로운 사료나 간식을 먹었나요?
☐ 이물을 삼켰을 가능성이 있나요?
☐ 스트레스 받을 만한 환경 변화가 있었나요?
☐ 최근 복용한 약물이나 접종 이력이 있나요?
☐ 함께 지내는 다른 동물에게도 유사한 증상이 있나요?

아이가 전반적으로 활기 있고, 구토가 반복되지 않으며, 다른 이상 증상이 없다면 아래와 같은 방법을 조심스럽게 시도해볼 수 있어요. 단, 증상이 계속되면 반드시 병원에 데려가 주세요.

☐ 구토한 후에는 금식을 시켜주세요

구토 후 6~8시간 정도는 위장을 쉬게 해준 뒤 식욕이 회복 되는지 확인해보세요.

☐ 구토물이 어떤 상태인지 살펴봐주세요

색깔, 내용물 등을 사진으로 남기면 진료에 도움이 돼요.

☐ 소량씩 나눠 급여해요

6~8시간정도 금식 후 한 번에 먹지 않도록 하루 3~4회 나눠 급여허새요.

☐ **편안한 환경을 만들어 주세요**

소음, 강한 조명, 시끄러운 환경은 아이의 회복을 방해할 수 있어요. 조용하고 안정된 공간에서 쉴 수 있도록 해주세요.

병원에서는 어떤 과정을 거치게 될까요?

먼저 보호자님의 관찰 내용을 바탕으로 문진을 진행해요. 구토가 시작된 시점, 빈도, 구토물의 색·형태, 최근 식이와 증상 변화 등을 파악하지요. 이때 구토 장면을 촬영한 영상이나 구토물 사진을 가져오시면 진단에 큰 도움이 돼요.

그다음으로 기본적인 신체검사를 진행해요. 체온과 점막 색을 확인하고, 복부에 팽만이나 통증 반응이 있는지를 살피며, 전반적인 활력 상태도 함께 평가해요. 이후 혈액검사를 통해 염증 수치, 빈혈 여부, 간·신장 기능, 전해질 균형 등을 확인하고, 필요에 따라 X-ray나 초음파를 시행해요. 방사선은 장폐색, 이물, 위 확장 등의 구조적 문제를, 초음파는 장벽의 변화, 췌장염, 간·신장의 상태를 더 정밀하게 확인할 수 있어요. 만약 기본 검사로 원인이 확인되지 않거나 구토가 만성적일 경우, 위내시경 검사를 통해 식도·위 점막을 직접 확인하고 조직검사까지 진행할 수 있어요.

어떻게 치료하나요?

구토의 원인에 따라 치료 방법은 달라져요. 단순한 위장 자극이나 경미한 염증이라면 금식 후 위 보호제, 수액, 항구토제, 위산 억제제 등을 사용하고, 회복기에 맞춘 처방식이나 프로바이오틱스를 함께 급여해요. 하지만 장폐색, 위염전 등의 구조적 문제는 수술이나 내시경 처치가 필요하고, 독성 물질이 원인일 경우엔 빠른 해독 처치가 중요해요. 감염성 질환이 원인일 경우에는 격리와 함께 적절한 항바이러스·항균 치료가 병행돼야 하지요. 치료 후 재발을 막기 위해선 부드럽고 소화가 잘되는 음식으로 식단을 조절하고, 스트레스가 적은 환경을 만들어주는 것이 중요해요.

우리 아이 변이 평소와 달라요

반려동물의 배변 상태는 건강 상태를 보여주는 중요한 신호 중 하나예요. 변이 물처럼 묽거나, 기름진 느낌이 나거나, 피가 섞여 있는 것처럼 보인다면 '이상배변'을 의심해봐야 하죠.

물론 모든 배변 변화가 곧 질병을 의미하는 건 아니에요. 사료를 바꿨거나 간식을 많이 먹은 날, 더운 날씨, 낯선 환경 등 스트레스를 받은 상황에서도 일시적으로 변 상태가 달라질 수 있어요. 다만 이러한 변화가 며칠 이상 지속되거나, 식욕 저하, 구토, 체중 감소 등 다른 증상까지 동반된다면 보다 세심한 관찰이 필요하답니다.

⚠ 이런 경우라면 이상 배변을 의심해보세요.

☐ 변이 물처럼 묽거나, 점액이 섞여 있어요.
☐ 변이 기름지거나 회색빛을 띠어요.
☐ 변에 피가 섞이거나 검게 변했어요.
☐ 변에서 나는 냄새가 예전보다 훨씬 심해졌어요.
☐ 배변 횟수가 확연히 늘었어요.

이상 배변의 종류와 원인은 무엇일까요?

1) 설사

변이 묽어지고 횟수가 늘면서, 방귀를 자주 뀌거나 복부에서 꾸르륵 소리가 날 수 있어요. 장염, 바이러스 감염, 기생충, 급격한 식단 변화, 유제품 섭취, 스트레스 등이 주요 원인이며, 드물게는 부신 기능 저하증 같은 내분비 질환이 관련되기도 해요.

2) 혈변

변에 선홍색 혹은 검은 피가 섞여 있는 상태예요. 피의 색깔에 따라 원인을 가늠할 수 있는데, 선홍색 피는 대장이나 항문 주변 출혈을, 검고 끈적한 타르 형태의 변은 위나 소장 쪽 출혈을 의심해요. 대장염, 항문샘염, 장 궤양, 종양, 중독 등이 주요 원인이며, 통증, 구토, 무기력 등이 함께 나타날 수 있어요.

3) 지방변

기름지고 회색빛을 띠며, 냄새가 유난히 강하고 물에 뜨는 변이에요. 식욕은 정상이지만 체중이 줄거나 털이 푸석해지는 경우도 많아요. 이는 췌장에서 소화 효소가 부족하거나 장에서의 영양 흡수에 문제가 있을 때 발생해요.

4) 점액변

투명하거나 흰색의 점액이 변에 섞여 있거나, 변 전체가 젤리처럼 보이기도 해요. 배변할 때 힘을 많이 주거나 화장실을 자주 들락거리는 모습이 나타나요. 감염성 대장염, 과민성 장 증후군, 식이 변화, 스트레스 등이 원인이에요.

병원 내원 전, 무엇을 살펴보면 좋을까요?

진료 전에 아래 내용을 정리해두면 아이의 상태를 더 정확히 전달할 수 있어요.

1) 배변 양상 및 변 상태

☐ 언제부터 배변 이상이 시작됐나요?
☐ 배변 횟수나 변의 양에 변화가 있었나요?
☐ 최근에 변의 색이나 형태에 변화가 있었나요?
(✓정상 ✓작고 단단함 ✓점액 ✓혈액)
☐ 변 냄새가 평소보다 심해졌나요?

2) 전신 상태 및 동반 증상

☐ 식욕이나 체중에 변화가 있었나요?
☐ 구토, 무기력, 복부 불편감을 보였나요?
☐ 배변 시 힘들어하거나 아파하는 모습이 있나요?

3) 식이 및 환경 변화

☐ 새로운 사료나 간식을 급여한 적이 있나요?
☐ 뼈, 장난감, 쓰레기 등 이물을 삼켰을 가능성이 있나요?
☐ 다른 반려동물도 유사한 증상을 보이나요?
☐ 최근 스트레스를 받을 만한 일이 있었나요?

증상이 심하지 않고 아이가 안정적으로 보인다면, 일시적인 변화일 가능성도 있어요. 다음과 같은 방법으로 상태를 관찰해볼 수 있어요. 단, 별호전이 없거나 다른 이상 증상이 함께 나타나면 꼭 병원을 방문해 주세요.

☐ 식이 조절을 해보세요

최근 급여한 새로운 간식이나 사료가 있다면 중단하고, 평소 먹던 식단으로 돌아가 주세요.

☐ 과식 여부를 확인해보세요

하루 식사량과 간식 섭취량을 점검해 과식 여부를 확인해 주세요.

☐ 환경과 스트레스 요인을 점검해보세요

편안하고 익숙한 환경을 조성해 스트레스를 줄여 주세요.

병원에서는 어떤 과정을 거치게 될까요?

문진을 통해 증상이 시작된 시기, 식사량, 기력 변화 등 일상 속에서 달라진 부분이 있는지 자세히 확인해요. 보호자님이 기록해둔 메모나 사진, 영상이 있다면 진단에 큰 도움이 돼요. 이후 신체검사를 통해 복부 팽만, 통증 반응, 탈수 여부 등을 확인해요.
이후 영상검사를 통해 장의 구조나 기능 이상을 확인해요. 방사선 촬영으로 장폐색, 가스 축적, 종양 가능성 등을 평가하고, 복부 초음파를 통해 장의 움직임이나 벽의 두께, 주요 장기의 상태를 보다 정밀하게 들여다보게 돼요. 혈액검사를 통해서는 전신 염증 반응, 간·신장 기능, 수분 상태 등을 평가하고, 대변검사로 기생충, 세균, 바이러스 감염 여부를 확인할 수 있어요. 필요 시 PCR, 배양 검사, 내시경이나 조직 검사도 진행될 수 있어요.

어떻게 치료하나요?

경증의 설사는 식이 조절과 처방약으로 조절되는 경우가 많아요. 감염성 질환이라면 항생제나 항기생충제를 사용하고, 장 기능 이상이 의심되면 소화효소, 면역 조절제, 유산균을 함께 처방해요. 식이요법은 증상에 따라 다르게 적용돼요. 장을 쉬게 하기 위한 저섬유 식단, 알레르기 의심 시 단일 단백질 식단 등을 고려할 수 있어요. 수중등도 이상의 설사나 탈수 상태에

선 입원하여 수액을 통해 수분과 전해질을 보충하게 되며, 혈액검사를 반복하며 회복 여부를 확인해요.
이물 섭취, 장폐색, 종양이 의심된다면 외과적 수술이 필요할 수 있어요.

치료 이후에도 건강한 배변을 유지하려면 평소 물을 충분히 마시게 하고, 유산균과 식이섬유가 포함된 식단을 꾸준히 유지하며, 스트레스를 줄여주는 환경을 마련해주는 것이 중요해요.

변을 보는데 힘들어해요

물도 잘 마시고, 사료도 잘 먹는데 화장실에 가는 횟수가 줄었거나, 배변하려고 애쓰는 모습이 눈에 띈다면 '변비'를 의심해볼 수 있어요.
변비는 평소 생활 습관이나 환경 변화 같은 일상적인 요인만으로도 충분히 생길 수 있어요. 예를 들어 수분 섭취나 식이섬유가 충분하지 않은 식단, 활동량 감소 등은 장의 움직임을 느리게 해 변이 딱딱해지고 배출이 어려워질 수 있어요. 특히 고양이는 화장실 환경에 민감해서, 모래 종류가 마음에 들지 않거나 화장실이 더럽거나, 낯선 환경에 스트레스를 받을 경우 배변을 참게 되고, 이것이 반복되면 변비로 이어질 수 있어요.
변비는 갑자기 나타나기도 하고, 서서히 진행되기도 해요. 하지만 보호자님이 평소 배변 습관을 잘 관찰하고 생활 속에서 조절해준다면 자연스럽게 호전되는 경우도 많아요. 단, 변비가 오래 지속되거나 불편함을 심하게 호소한다면 단순한 생활 문제를 넘어 질병 가능성까지 고려해보셔야 해요.

⚠ 이런 경우라면 병적인 변비를 의심해보세요.

☐ 평소보다 배변 횟수가 줄었어요.
☐ 화장실에서 오래 힘을 주는데도 변이 잘 나오지 않아요.
☐ 나오는 변이 딱딱하고 작아요.

☐ 배변 후에도 화장실 근처를 서성이거나 불편해 보여요.
☐ 식욕이 줄고 기운 없이 늘어져 있어요.

변비의 원인은 무엇일까요?

1) 장 질환

장에 구조적인 이상이 있거나 만성 염증이 지속되면 장운동이 저하되면서 변이 장 안에 오래 머무르고, 이로 인해 점점 더 단단해져 배변이 어려워져요. 이런 경우에는 구토, 식욕 저하, 체중 감소 같은 전신 증상이 함께 나타날 수 있어요.

2) 신경계 이상

장운동은 신경의 지배를 받기 때문에, 척추나 골반 부위에 이상이 생기면 배변에 어려움을 겪을 수 있어요. 허리 디스크나 골절에 의한 신경 압박이 있는 경우 아이가 배에 힘을 주기 어려워하고, 배변 자세를 유지하지 못하거나 중간에 그만두는 모습이 보일 수 있어요.

3) 비만

과체중은 활동량을 줄이고 전신 대사를 느리게 만들어 장의 움직임에 영향을 줄 수 있어요.

4) 장내 이물

모래, 털뭉치, 뼈 조각 같은 이물을 삼킨 경우, 장이 막히면서 변이 정상적으로 이동하지 못할 수 있어요. 이럴 땐 구토, 식사 거부, 복부 팽만, 기력 저하 같은 증상이 함께 나타나며, 응급 상황일 수 있으니 빠르게 병원을 찾아야 해요.

병원 내원 전, 무엇을 살펴보면 좋을까요?

진료 전에 아래 내용을 정리해두면 아이의 상태를 더 정확히 전달할 수 있어요.

1) 배변 양상 및 변의 상태

☐ 변을 마지막으로 본 것은 언제인가요?
☐ 화장실에 다녀온 후에도 계속 왔다 갔다 하나요?
☐ 최근 변의 색이나 형태가 달라졌나요?
(✓정상 ✓작고 단단함 ✓점액 ✓혈액)
☐ 변의 양이 평소보다 많이 줄었나요?

2) 행동 변화

☐ 배를 만졌을 때 불편해하거나 아파하나요?
☐ 식욕이 줄거나 편식이 심해졌나요?
☐ 구토, 복부 팽만, 트림 등 소화불량 증상이 있었나요?

☐ 활동량이 줄고 무기력해 보이진 않나요?

3) 식이 및 환경 변화

☐ 최근 사료나 간식을 바꿨나요?
☐ 뼈, 털뭉치 장난감 등을 삼켰을 가능성이 있나요?
☐ 이사, 가족 변화 등 집안 환경에 변화가 있었나요?

다른 이상 증상이 없고 아이의 상태가 안정적이라면, 보호자가 다음 방법을 시도해볼 수 있어요. 단, 며칠이 지나도 호전이 없거나 다른 증상이 동반된다면 꼭 병원에 내원하세요.

☐ 수분 섭취를 늘려주세요

물그릇을 여러 군데 배치하거나 습식 사료나 물에 적신 사료로 바꿔 주세요. 따뜻한 물을 제공해보는 것도 좋아요.

☐ 가볍게 복부 마사지를 해주세요

손바닥으로 부드럽게 원을 그리며 배를 문질러주세요. 과하게 힘을 주지 않도록 주의해주세요.

☐ 운동량을 늘려보세요

장난감으로 놀아주거나 짧은 산책을 시도해보세요. 가벼운 운동은 장의 움직임을 자극해 변비 완화에 도움이 돼요.

☐ 배변 환경을 점검해주세요

화장실이 청결한지, 냄새가 심하거나 모래 종류가 달라진 건 아닌지 살펴보세요. 특히 고양이는 이런 요소에 민감해요.

병원에서는 어떤 과정을 거치게 될까요?

변비를 유발하는 원인을 찾기 위한 단계적인 검사가 이뤄져요. 문진을 통해 증상의 시작 시기, 배변 패턴, 식사와 활동성의 변화를 확인하고, 방사선 검사를 통해 장 안에 변이 쌓인 위치, 장의 구조, 폐색 여부 등을 확인해요. 고양이에서는 거대결장증이 있는지 확인하는 데 매우 중요한 검사예요. 초음파 검사를 통해 장의 움직임, 벽 두께, 주변 장기 상태를 정밀하게 확인해요.

대변 검사로는 기생충 감염이나 염증 여부를 확인하고, 필요 시 CT, MRI, 내시경과 같은 고차원 검사로 이어질 수 있어요.

어떻게 치료하나요?

변비의 치료는 원인과 정도에 따라 달라져요. 가벼운 변비는 정맥 수액으로 수분을 보충하고, 식이섬유나 프로바이오틱스가 포함된 식이 조절만으로도 호전되기도 해요. 변을 부드럽게 하는 약이나 장운동을 돕는 약을 병용하기도 하지요. 다만 섬유소는 과도하게 섭취하면 오히려 장을 자극할 수 있어 수의사 상담 후 사용하는 것이 안전해요.

약물이나 식이 변화에도 호전이 없고 장 안에 변이 과도하게 쌓인 경우엔 마취하에 관장을 통해 변을 직접 제거해요.

아이의 통증이나 불편함을 최소화해 안전하게 진행돼요. 이때 통증과 스트레스를 최소화하면서 안전하게 시술이 이루어져요. 만약 대장이 심하게 확장된 거대결장증이 확인되었다면, 대장의 일부를 절제하는 수술적 치료가 필요할 수도 있어요. 다만 수술은 신중한 판단이 필요한 만큼, 수의사와 충분한 상담이 선행되어야 해요.

무엇보다 중요한 건 평소의 예방 관리예요. 충분한 수분 섭취, 균형 잡힌 식사, 꾸준한 운동, 쾌적한 화장실 환경 유지가 가장 좋은 예방법이랍니다.

우리 아이 배가 빵빵해요

아이의 배를 쓰다듬다 "어? 갑자기 배가 많이 부른 것 같은데?" 하고 깜짝 놀라실 때가 있으시죠? 간식을 많이 먹은 날이나 밥을 먹은 직후, 물을 많이 마신 경우엔 일시적으로 배가 부풀 수 있어요. 이런 상황은 대개 시간이 지나면 자연스럽게 가라앉기 때문에 크게 걱정하지 않으셔도 돼요.

하지만 배가 계속해서 부풀어 있거나, 만졌을 때 단단하고 불편해하는 반응을 보이며 식욕이나 활력까지 떨어진다면, 복부 내에 문제가 생겼다는 신호일 수 있어요.

⚠ 이런 경우라면 병적인 복부 팽만을 의심해보세요.

☐ 배가 점점 부풀고, 만졌을 때 단단하게 느껴져요.
☐ 식욕 저하, 구토, 설사 같은 소화기 증상이 나타나요.
☐ 숨을 헐떡이거나, 호흡이 힘들어 보여요.
☐ 체중은 줄었는데 배만 볼록하게 나와 있어요
☐ 몸 전체가 부은 듯한 느낌이 들어요.

복부 팽만의 원인은 무엇일까요?

1) 복수

복수는 복강 내에 체액이 비정상적으로 고이는 상태예요. 복수가 차면 배가 점점 불러오고, 만졌을 때 출렁이는 듯한 느낌이 나요. 간, 심장, 신장 질환, 복강 내 종양 등 다양한 원인에 의해 생기며 함께 식욕 부진, 무기력, 호흡 곤란 등이 나타날 수 있어요.

2) 소화기 질환

특히 흉부가 깊은 대형견에서 위확장-위염전처럼 응급 상황으로 발전하는 경우가 있어요. 가스로 팽창한 위가 꼬이면서 혈류가 차단되고, 수술이 지체되면 생명이 위험해질 수 있어요. 배가 급격히 단단해지고 구토를 시도하지만 아무것도 토하지 못하며, 심한 복통과 불안 행동이 함께 나타나요. 그 외에도 과식, 급식, 음식 알레르기 등으로 인해 장내 가스가 차 복부가 팽창될 수도 있어요.

3) 내분비 질환

호르몬 질환으로 복부 지방이 과도하게 쌓이면 배가 볼록해질 수 있어요. 이 경우에는 허리나 다리의 근육이 얇아지고, 다식, 다음, 다뇨, 탈모, 피부 얇아짐 등의 전신 증상이 함께 보이기도 해요.

4) 그 외의 원인들

어린 동물에서는 장내 기생충 감염, 노령 동물에서는 간·비장 비대나 복강 내 종양으로 인해 체중은 줄었는데 배만 불러 보일 수 있어요. 구토물이나 대변에서 기생충이 보이거나, 복부에서 덩어리가 만져진다면 빠른 검진이 필요해요.

병원 내원 전, 무엇을 살펴보면 좋을까요?

아이의 상태를 정확히 전달하기 위해 아래 내용을 정리해 주세요.

1) 복부 변화

☐ 언제부터 배가 불러 보였나요?
☐ 식사나 운동 후 등 특정 상황에서 더 심해지나요?
☐ 배를 만질 때 불편해하거나 아파하나요?

2) 행동 변화

☐ 움직임이 줄고, 자꾸 누워 있진 않나요?
☐ 숨소리가 거칠거나, 호흡이 힘들어 보이나요?
☐ 물을 많이 마시거나 소변을 자주 보나요?
☐ 구토, 설사, 식욕 부진 같은 증상이 함께 있나요?
☐ 갑작스럽게 체중이 변화가 있었나요?

3) 과거력 및 환경 변화

☐ 기생충 예방약은 주기적으로 잘 복용하고 있나요?
☐ 임신 가능성은 없나요?

병원에서는 어떤 과정을 거치게 될까요?

먼저 보호자 문진을 통해 증상의 시작 시기, 식사·배변·기력 변화 등을 자세히 파악해요. 사진이나 영상이 있다면 진단에 큰 도움이 돼요.

그다음 복부 방사선 촬영을 통해 장기 크기와 장내 가스 분포 등을 확인하고, 초음파 검사를 통해 장기 구조와 복수 여부, 종괴 존재 등을 정밀하게 살펴보게 돼요. 복수가 의심될 경우, 소량을 채취하여 감염, 출혈, 종양 여부를 확인하는 분석이 이뤄져요. 필요 시에는 세포검사, 조직검사, CT 촬영까지 진행되기도 해요.

혈액검사도 함께 진행돼요. 염증 수치, 간·신장 기능, 전해질 이상 등을 평가하고, 내분비 질환이 의심되면 호르몬 검사를 추가로 시행할 수 있어요.

어떻게 치료하나요?

복부 팽만은 원인에 따라 치료 방향이 달라져요. 내과적 문제라면 약물 치료와 식이 조절을 통해 기저 질환을 관리하게 되고, 복수가 차 있는 경우에는 복수천자를 통해 액체를 제거해줘야 해요. 내분비 질환이 원인이라면 호르몬 조절을 위한 장기적인 약물치료가 필요할 수 있어요.

구조적인 문제가 원인이라면 수술적 처치가 필요해요. 특히 위확장-위염전처럼 응급성 높은 질환은 수술이 생명을 살리는 열쇠가 되기도 해요. 복강 내 종양이 원인이라면 종양의 위치와 특성에 따라 절제 수술을 고려하게 되지요.

응급 상황에서는 수액 공급과 혈압 안정 등 응급 처치가 먼저 이루어진 후, 원인 치료로 이어지게 돼요.

치료와 함께 일상적인 관리도 무척 중요해요. 식사량과 체중 변화를 잘 기록하고, 과식을 피하기 위해 일정한 급여량을 유지하는 것이 좋아요. 정기적인 기생충 예방과 스트레스 조절도 복부 건강에 도움이 되고요. 특히 정기적인 건강검진을 통해 이상 신호를 조기에 발견하는 것이 가장 확실한 예방법이에요.

침을 많이 흘리고, 밥을 잘 못 삼켜요

아이의 턱 밑이 침으로 축축하게 젖어 있거나, 먹으려던 음식을 입에서 툭 떨어뜨리는 모습을 보신 적 있으신가요? 침을 과하게 흘리는 증상을 '유연', 음식을 잘 삼키지 못하는 상태를 '연하곤란'이라고 해요. 이 두 가지 증상은 입안, 식도, 신경계에 이상이 생겼을 때 나타날 수 있으며, 함께 나타나기도 하고, 각각 따로 보일 수도 있어요.

물론 더운 날씨에 침이 많아지거나, 맛있는 냄새에 군침이 도는 것은 자연스러운 반응이에요. 하지만 이런 증상이 며칠 이상 지속되거나 식욕 저하, 구토 등의 변화가 동반된다면, 건강 상태를 좀 더 꼼꼼히 살펴볼 필요가 있어요.

⚠ 이런 경우라면 병적인 유연과 연하곤란을 의심해보세요.

- ☐ 침을 계속 흘려 턱 아래가 늘 젖어 있어요.
- ☐ 음식을 입에 넣지만 삼키지 못하고 툭 떨어뜨려요.
- ☐ 식사 시간이 길어지고, 씹는 모습이 불편해 보여요.
- ☐ 턱을 자주 문지르거나 입을 긁는 행동을 해요.
- ☐ 입에서 평소와 다른 냄새가 나거나, 피가 보여요.
- ☐ 식욕이 줄고, 체중도 눈에 띄게 빠졌어요.

유연과 연하곤란의 원인은 무엇일까요?

1) 구강 질환

입안에 염증이나 종양이 생기면 통증 때문에 음식을 씹거나 삼키기 힘들어져요. 구내염, 치주염, 구강 내 종양이 대표적인 원인이며, 아이가 식사 중 음식을 자주 떨어뜨리거나 입을 잘 벌리지 않으려 하고, 입 주변을 자주 문지르는 행동이 함께 나타날 수 있어요. 침이 많이 고이거나 구취, 잇몸 출혈도 함께 나타날 수 있어요.

2) 신경계 이상

음식을 삼키는 과정에는 여러 신경과 근육이 복합적으로 작용해요. 뇌질환, 말초신경 손상, 근육 약화 등의 문제로 인해 연하 반사가 떨어질 수 있어요. 이럴 땐 사레에 자주 들리거나, 고개를 한쪽으로 기울이는 행동, 체중 감소와 기력 저하가 동반될 수 있어요.

3) 식도 문제

식도의 운동성이나 구조에 문제가 생기면 음식이 위로 제대로 내려가지 못하고 중간에 걸리거나 역류할 수 있어요. 식도염, 협착, 종양 등이 원인이며, 음식을 삼키다 토해내거나 헛구역질하는 모습이 보일 수 있어요. 식사 후 불편해하거나 침을 과도하게 흘리는 모습도 함께 나타날 수 있답니다.

병원 내원 전, 무엇을 살펴보면 좋을까요?

진료 전에 아래 내용을 정리해두면 아이의 상태를 더 정확히 전달할 수 있어요.

1) 유연 증상

☐ 언제부터 침을 흘리기 시작했나요?
☐ 증상이 지속적인가요, 간헐적으로 나타나나요?
☐ 식사 중이나 특정 음식 섭취 후 더 심해지나요?
☐ 침의 색이나 냄새에 변화가 있나요?
(✓거품이 많음 ✓피 섞임 ✓끈적임 ✓악취)

2) 연하곤란 증상

☐ 음식을 먹을 때 자주 사레가 걸리나요?
☐ 평소보다 씹는 시간이 길어졌나요?
☐ 특정한 음식(건식, 습식, 물 등)을 먹기 어려워하나요?
☐ 음식을 삼킨 뒤 헛구역질이나 기침을 하나요?

3) 전반적인 행동 변화

☐ 음식을 섭취할 때 불편해하나요?
☐ 고개를 기울이거나 한쪽으로만 씹는 행동을 하나요?
☐ 입술, 잇몸, 턱을 문지르는 행동이 잦아졌나요?
☐ 체중 감소, 기력 저하, 식욕 부진 등의 변화가 있나요?

다른 증상이 없고, 침 흘림만 관찰된다면 아래 방법들을 시도해 보셔도 좋아요. 단, 증상이 계속되거나 악화된다면 반드시 병원에 내원해 주세요.

☐ **부드러운 음식으로 바꿔주세요**

물에 불린 사료, 습식 캔, 죽 형태의 음식 등 삼키기 쉬운 형태로 급여해보세요.

☐ **식사 환경을 조절해주세요**

식기 높이를 조절해 아이가 너무 고개를 숙이지 않게 하고, 조용하고 안정된 환경에서 식사할 수 있도록 해주세요.

병원에서는 어떤 과정을 거치게 될까요?

보호자 문진을 통해 증상이 시작된 시기, 양상, 함께 나타난 변화들을 자세히 확인해요. 아이의 식사 모습이나 이상 행동을 영상으로 촬영해 보여주시면 큰 도움이 돼요. 이후 신체검사를 통해 입 안, 치아, 혀, 턱 관절, 목구멍 부위의 이상 유무를 확인하고, 전신 건강 상태도 함께 평가해요. 필요에 따라 혈액검사로 염증이나 감염 여부를 확인하고, 방사선 검사를 통해 식도나 흉부의 구조적 이상을 평가할 수 있어요. 기본 검사에서 이상이 없거나 정밀 검사가 필요한 경우, 내시경, 조직검사, 바륨 조영검사를 통해 구체적인 병변 유무와 연하 기능을 평가하고, 신경계 이상이 의심되면 CT나 MRI 등의 영상 검사를 진행해요.

어떻게 치료하나요?

침이 너무 많이 고여 호흡이 불편하거나, 음식이 기도로 들어가 위험한 경우에는 즉시 기도를 확보하고 산소를 공급하는 응급 처치를 진행해요.

감염이 확인되면 항생제를, 염증이 심한 경우엔 소염제나 스테로이드를 사용할 수 있어요. 위식도 역류나 식도염이 의심될 때는 위산 억제제나 위장 운동 촉진제를 사용해 삼킴을 돕기도 하고, 신경계 원인이라면 신경 보호제나 면역 조절제를 투여하게 돼요.

구강이나 식도에 이물이 걸려 있거나 종양, 협착 등이 있을 땐 내시경으로 제거하거나 수술을 진행하게 되며, 경우에 따라 장기적인 관리가 필요할 수도 있어요.

치료와 더불어 일상에서의 관리도 중요해요. 딱딱한 사료보다는 물에 불린 부드러운 사료나 습식 사료가 좋고, 거대식도증처럼 삼키는 데 어려움이 있는 아이에겐 고개를 들고 먹을 수 있도록 식기 높이를 조절해 주세요. 입 주변이 침으로 젖어 있을 땐 자주 닦아 청결을 유지하고, 스트레스 없는 안정적인 환경을 만들어주는 것이 회복에 큰 도움이 된답니다.

PART 5
신경계
근골격계

★ 즉시 병원에 가야 하는 응급 증상

☑ 갑자기 다리에 힘이 빠져 전혀 걷지 못하는 경우
☑ 발작처럼 몸을 떨고 의식을 잃거나 흐려지는 경우
☑ 머리를 한쪽으로 기울이고 비틀거리며 걷는 경우
☑ 다리를 만졌을 때 극심한 통증 반응을 보이는 경우
☑ 낙상 이후 움직이려 하지 않는 경우
☑ 몸이 뻣뻣하게 굳거나, 한쪽 몸만 움직이는 경우

⚠ 주의해서 관찰해야 할 증상

☑ 한쪽 다리를 절뚝거리지만 곧 호전되는 경우
☑ 뛰거나 움직일 때만 다리를 들거나 절뚝이는 경우
☑ 특정 자세를 피하거나 움직이다가 멈칫하는 경우
☑ 다리 힘이 빠져 보이거나, 반복적으로 점프나 계단 오르기를 주저하는 경우

이런 증상들은 단순히 피로해서 나타나는 변화일 수도 있지만, 특히 다리나 허리 부위를 자주 핥거나, 기운 없이 누워서 움직이려 하지 않는 모습이 보인다면 통증이나 마비가 서서히 나타나고 있는 걸 수도 있어요.

아이의 움직임에 둔해진 느낌이 들었다면, 먼저 미끄럽지 않은 바닥에 푹신한 자리를 마련해 편히 쉴 수 있도록 도와주세요. 격한 운동은 피하고, 이후 며칠 동안 상태를 천천히 관찰해보시는 것이 좋아요. 절뚝거림이 점점 나아지는지, 특정 시간대나 활동 직후에 더 심해지는지, 배변이나 배뇨는 평소처럼 잘 이루어지는지도 함께 체크해 주세요.

우리 아이의 신경계·근골격계,
어떻게 작동할까요?

"강아지가 갑자기 다리를 절어요." "고양이가 벽에 부딪히고 비틀거려요." 반려동물이 걷고, 보고, 듣고, 반응하는 모든 행동은 신경계와 근골격계가 유기적으로 작동한 결과예요. 신경계는 전신에 신호를 전달하는 전선망처럼 작용하고, 근육과 관절은 그 신호에 따라 실제 움직임을 만들어내지요. 이 두 계통은 밀접하게 연결되어 있어서, 어느 한 곳에 문제가 생기면 다른 쪽에도 영향을 줄 수 있어요. 예를 들어 걷는 모습이 이상할 때, 단순히 다리 관절의 문제일 수도 있지만 뇌에서 신호가 제대로 전달되지 않기 때문일 수도 있어요.

그래서 단순히 '절뚝거림'이라는 하나의 증상만 보고 그 원인을 단정 짓기는 어렵답니다. 이번 장에서는 반려동물의 움직임 속에서 보호자님이 놓치지 말아야 할 이상 신호들을 어떻게 알아차리고 해석하면 좋을지 함께 살펴볼게요.

1. 신경계

뇌와 척수: 반응과 움직임의 중심

신경계의 핵심인 뇌는 반려동물의 감각, 움직임, 감정, 균형 등을 조율하는 중요한 기관이에요. 낯선 소리에 귀를 쫑긋 세우고, 장난감을 보고 달려가는 행동도 모두 뇌에서 출발하지요.

뇌의 명령은 척수를 따라 전신으로 전달되고, 몸에서 느낀 감각은 다시 척수를 통해 뇌로 되돌아가요. 이렇게 뇌와 몸은 끊임없이 정보를 주고받으며 반응하게 돼요.

따라서 고개를 한쪽으로 기울이거나, 갑자기 성격이 변하거나, 발작처럼 몸을 떠는 증상이 보인다면 뇌의 기능 이상을 의심해볼 수 있어요.

말초신경: 뇌와 몸을 잇는 전선

말초신경은 뇌와 척수에서 시작된 신호를 몸의 각 부위로 전달하고, 다시 그 부위에서 감지한 자극을 뇌로 보내는 역할을 해요.

예를 들어, 발바닥을 만졌을 때 움찔하는 반응은 말초신경이 감각을 뇌로 전달하고, 뇌가 '움직여'라고 명령을 내려 근육이 작동한 결과예요.

말초신경에 이상이 생기면 감각이 무뎌지거나 움직임이 부자연스러워지고, 심할 경우 마비나 근육 위축이 나타날 수도 있어요.

2. 근육과 뼈: 움직임을 만들어내는 장치

근골격계는 근육, 뼈, 관절, 인대 등으로 구성되어 있어요. 근육은 수축과 이완을 통해 힘을 만들고, 뼈는 그 힘을 기반으로 몸을 지탱하며 움직임을 가능하게 해요. 관절은 뼈와 뼈를 이어 부드러운 움직임을 가능하게 하고, 인대는 관절을 튼튼하게 잡아주는 역할을 해요.
이 계통에 문제가 생기면 절뚝거림, 통증, 관절의 뻣뻣함 같은 증상이 나타나요. 특히 나이가 들수록 관절염, 디스크, 슬개골 탈구 같은 질환이 흔해지기 때문에 평소 보호자의 세심한 관찰이 필요해요.

3. 신경계와 근골격계는 늘 함께 작동해요

보호자님들이 가장 혼란스러워하시는 부분이 바로 이 지점이에요. 예를 들어, 반려동물이 다리를 잘 쓰지 않는 모습을 보일 때, 관절 통증 때문일 수도 있지만 신경 문제로 다리에 힘이 빠진 것일 수도 있어요. 또한, 통증은 없어 보이는데도 자꾸 한 방향으로 돌거나 중심을 못 잡는다면, 균형 감각을 담당하는 전정기관이나 소뇌에 이상이 있는 걸 수도 있지요.
그래서 '절뚝거림'이나 '움직임 이상'이라는 증상이 보이면, 단순히 관절 문제인지, 근력이 떨어진 건지, 아니면 신경계에서 신호 전달이 잘 안 되고 있는 건지를 종합적으로 살펴보는 게 중요해요.
이런 증상은 겉으로 드러나는 모습만으로 판단하기 어렵기 때문에, 정확한 원인을 찾기 위해서는 동물병원에서의 정밀한 진료가 꼭 필요해요.

걸음걸이가 이상해요

"산책하다가 갑자기 절뚝거렸어요." "계단을 잘 오르던 아이가 요즘 자꾸 망설이네요." 반려동물의 걸음걸이가 달라지면, 보호자님은 누구보다 먼저 그 변화를 눈치채게 되지요. 처음에는 "피곤한가 보다", "잠깐 삐끗했나?" 하고 지켜보게 돼죠. 실제로 무리한 활동 후 일시적인 근육통이 생기거나, 쌀쌀한 날씨에 관절이 뻣뻣해지며 걷는 모습이 달라질 수도 있어요. 미끄러운 바닥에서 균형을 잃었을 때도 하루 이틀 정도 보행 이상을 보일 수 있어요.

하지만 이런 변화가 반복되거나 점점 심해진다면, 단순한 피로나 외부 자극만으로 설명되기 어려울 수 있어요. 걸음걸이 변화는 관절이나 근육, 신경계 이상은 물론 전신 질환의 신호일 수 있기 때문이에요.

그래서 보호자님이 아이의 움직임에서 평소와 다른 점을 느끼셨다면, 그 시점과 양상을 잘 기억해두는 것이 중요해요.

⚠ 이런 경우라면 병적인 보행 이상을 의심해보세요.

☐ 한쪽 다리를 들고 걷거나 절뚝이는 모습이 보여요.

☐ 미끄러지거나 중심을 잘 잡지 못해요.

☐ 걷다가 자꾸 넘어지거나 주저앉아요.

☐ 특정 자세를 취할 때 아파하거나 움직이기 싫어해요.
☐ 다리를 끌거나, 발등이 바닥에 끌리는 모습을 보여요.
☐ 계단이나 소파에 오르내리는 걸 주저해요.
☐ 방향을 잘 잡지 못 잡고 빙글빙글 도는 모습이 있어요.

보행 이상의 원인은 무엇일까요?

1) 근골격계 문제: 절뚝거림과 통증이 주요 증상

한쪽 다리를 들거나 체중을 제대로 싣지 못하는 모습은 대부분 근골격계 이상에서 나타나요. 관절염, 슬개골 탈구, 고관절 이형성증, 인대 파열, 발바닥의 이물 등 원인은 다양해요.
노령 동물은 소파나 계단을 오르내릴 때 머뭇거리거나 일어설 때 주저하는 모습이 보이기도 해요. 다리를 전혀 딛지 않고 극심한 통증을 보인다면 골절이나 탈구 가능성도 있으니 빠르게 확인이 필요해요.

2) 신경계 질환: 비틀거림과 방향 감각 상실이 주요 증상

중심을 잡지 못하고 비틀거리거나 한쪽으로 기울어지는 걸음걸이는 신경계 이상에서 자주 관찰돼요. 척추 디스크, 소뇌
질환, 뇌염, 뇌종양 같은 중추신경계 질환뿐 아니라, 당뇨병성 신경병증이나 전정기관 이상, 중이염 · 내이염도 포함돼요.
신경이 손상되면 균형 감각이 떨어지고, 다리의 움직임이 어색해지거나 발

등이 끌리기도 하지요. 이런 경우 조기 진단과 치료가 예후에 매우 중요해요.

3) 복합 원인 또는 전신 질환

노령 동물에서는 근골격계와 신경계 문제가 동시에 나타나는 경우도 흔해요. 근력이 떨어지면 보폭이 짧아지고 발을 제대로 들어올리지 못해 불안정한 보행이 나타날 수 있어요.

또한 전해질 불균형, 빈혈, 염증성 질환처럼 전신 질환이 있을 때도 몸에 힘이 빠지며 걸음걸이에 변화가 생겨요.

그래서 보행 이상이 보이면 '다리 문제'로만 보지 말고, 전신 건강까지 함께 살펴보는 것이 필요해요.

병원 내원 전, 무엇을 살펴보면 좋을까요?

진료 전에 아래 내용을 정리해두면 아이의 상태를 더 정확히 전달할 수 있어요.

1) 증상 시작과 진행 양상

☐ 걸음걸이 변화는 언제부터 시작되었나요?
☐ 증상이 갑작스럽게 시작됐나요, 서서히 진행되었나요?
☐ 증상이 점점 나아지고 있나요, 악화되고 있나요?

☐ 최근 무리한 운동을 하거나 다친 적이 있나요?
☐ 특정 시간대나 상황에서 증상이 심해지나요?

2) 걸음걸이 및 자세 변화

☐ 특정 다리를 들거나 체중을 싣지 않으려 하나요?
☐ 다리를 끌거나, 발등이 바닥에 끌리나요?
☐ 평지에서도 자주 넘어지거나 균형을 잘 못 잡나요?
☐ 움직이려 하지 않고 한 자세로 오래 있으려 하나요?
☐ 일상적인 동작(계단 오르기, 점프 등)을 주저하나요?

3) 신경 증상 여부

☐ 고개를 기울이거나 눈동자가 떨리는 모습이 있나요?
☐ 방향을 잃고 한 방향으로 빙글빙글 도는 모습이 있나요?
☐ 통증에 민감해지거나, 반대로 무감각해 보이나요?

4) 전신 증상 및 과거 병력

☐ 디스크나 관절 질환 진단을 받은 적이 있나요?
☐ 물 마시는 양, 식욕, 활동량 등에 변화가 있었나요?
☐ 배뇨·배변 이상 같은 다른 증상도 함께 보이나요?

보행 이상이 있으나 증상이 경미하고 통증이 심하지 않다면, 아래와 같은 방법으로 일시적인 관리를 시도해볼 수 있어요. 단, 증상이 지속되거나 악화되면 반드시 병원 진료가 필요합니다.

☐ **미끄럼 방지 매트나 러그를 깔아주세요**

미끄러운 바닥은 아이의 걸음을 더 불안정하게 만들 수 있어요. 자주 다니는 공간에 매트를 깔아주세요.

☐ **충분한 휴식을 취하게 해주세요**

계단 오르기, 뛰기, 점프는 피해주세요.

☐ **가벼운 스트레칭이나 마사지를 해주세요**

근육통이 의심될 때, 다리를 살살 만지며 뭉친 부위나 통증 반응이 있는지 확인해볼 수 있어요. 단, 아파한다면 건드리지 말고 병원으로 가주세요.

☐ **통증 의심시 따뜻한 찜질을 해주세요**

근육 긴장으로 인한 통증이 의심될 땐. 수건에 감싼 온찜질 팩을 10분 이내로 적용해보세요. 단, 붓거나 열감이 있다면 찜질은 피해야 해요.

병원에서는 어떤 과정을 거치게 될까요?

병원에서는 먼저 보호자님과의 문진을 통해 증상 시작 시기, 변화 양상, 통증 반응 등을 자세히 확인해요.

이후 아이의 보행 양상, 근육 상태, 감각 반응, 신경 반사 등을 평가하는 신체검사와 신경학적 검사가 이루어져요. 이 검사는 척수, 말초신경, 근육 중 어떤 부위에 문제가 있는지를 파악하는 데 중요한 단서를 줘요.

결과를 바탕으로 영상검사가 진행돼요. 방사선 검사나 CT는 뼈와 관절의 이상을 확인하는 데 적합하고, MRI는 척수나 뇌 같은 연부조직을 평가하기에 더 적합해요. 또한, 혈액검사를 통해 전신 질환 여부를 함께 확인하게 돼요.

어떻게 치료하나요?

관절염이나 초기 디스크처럼 비교적 경미한 경우라면, 진통제, 항염증제, 신경 보호제 등 약물치료를 시행해요. 통증으로 인해 식욕이나 활력이 떨어진 상태라면, 수액 치료나 컨디션 회복을 위한 보조 처치도 함께 이루어질 수 있어요.

반면에 디스크로 인해 척수가 심하게 눌리거나, 골절이나 관절의 탈구처럼 구조적인 손상이 확인되면 수술이 필요할 수 있어요. 특히 신경 압박이 오래 지속되면 회복이 늦어지거나 어려워질 수 있기 때문에 빠른 수술 결정이 예후에 중요해요.

치료와 함께 회복을 돕기 위한 재활치료도 아주 중요해요. 관절염이 있는 아이는 체중 감량과 관절 영향제를 꾸준히 먹는 것이 도움이 돼요. 이와 함께 집안 환경을 정비해서 미끄럽지 않도록 바닥에 러그를 깔아주고, 충분히 쉴 수 있는 공간을 마련해주는 것도 아이의 회복을 도와줄 수 있어요.

발작을 해요

발작은 짧은 시간 동안 뇌의 전기적 신호가 비정상적으로 작용하면서 나타나는 증상이에요. 한두 번으로 끝나는 경우도 있지만, 반복된다면 반드시 원인을 확인해야 해요. 특히 발작이 5분 이상 지속되거나 짧은 시간 간격으로 여러 차례 반복되면, 뇌에 큰 부담이 가고 신경 손상이나 생명 위협까지 이어질 수 있으니, 즉시 병원으로 데려가야 해요.

⚠ 이런 경우라면 발작을 의심해보세요.

☐ 갑자기 쓰러지거나 몸이 뻣뻣하게 굳어요.
☐ 팔다리를 떨거나 쭉 뻗은 채 움직여요.
☐ 눈이 허공을 응시하고 있어요.
☐ 침을 많이 흘리거나, 입에서 거품이 나요.
☐ 대소변을 실수해요.
☐ 발작 이후 한동안 멍하고 방향 감각이 없어요.

이 외에도 한쪽 다리만 떨리거나, 입을 씰룩거리거나, 순간적으로 반응이 없어지는 모습도 '부분 발작'일 수 있어요. 몸 전체가 쓰러지지 않아도 특정 증상이 반복된다면 진료가 필요해요.

발작의 진행 단계는 어떻게 되나요?

발작은 보통 전조 단계 → 발작 단계 → 회복 단계로 나눠서 관찰돼요.

1) 전조 단계 (발작 직전)

발작이 시작되기 직전, 아이가 평소와 다른 행동을 보일 수 있어요. 불안하게 이리저리 걷거나, 허공을 멍하니 바라보거나, 고개를 한쪽으로 기울이는 등 이상 행동이 나타날 수 있지요. 이 시기는 아주 짧고 미세해서 처음엔 지나치기 쉽지만, 반복되면 보호자님도 점차 눈치챌 수 있어요.

2) 발작 단계 (발작 중)

몸이 경직되며 바닥에 쓰러지고, 팔다리를 떨거나 뻗는 모습이 나타나요. 눈동자가 흔들리거나 한 곳에 고정되고, 침을 흘리거나 입에서 거품이 나기도 해요. 의식을 잃고 대소변을 보는 경우도 있어요. 이 단계는 보통 수 초에서 수분 내외로 지속되며, 시간이 길어질수록 아이에게 큰 부담이 되니 주의가 필요해요.

3) 회복 단계 (발작 후)

발작이 끝나면 아이는 멍한 상태로 주변을 인식하지 못하거나, 비틀거리며 벽에 부딪히기도 해요. 보호자를 잘 알아보지 못하거나, 구토·설사처럼 소화기 증상이 함께 나타나기도 해요. 이 시기에는 조용하고 안전한 공간에서 충분히 회복할 수 있도록 도와주세요

발작의 원인은 무엇일까요?

1) 뇌내 원인

뇌의 구조나 기능의 직접적인 이상으로 발작이 생기는 경우예요. 대표적인 예가 간질이에요. 간질은 특별한 원인이 없어도 반복적으로 발작이 생기는 만성 질환으로, 보통 생후 6개월~6세 사이에 처음 나타나는 경우가 많아요. 이외에도 뇌염, 뇌종양, 외상, 선천적 뇌기형 등이 있어요

2) 뇌외 원인

뇌 이외의 장기나 대사성 질환이 뇌에 영향을 주면서 발작이 나타나는 경우예요. 가장 흔한 예로 저혈당, 저칼슘혈증이 있어요. 뇌는 많은 에너지를 소비하는 기관이라 혈당이 떨어지면 제 기능을 하지 못하고, 칼슘이 부족하면 신경 전달에 문제가 생겨 발작이 생길 수 있어요. 간부전, 신부전처럼 장기 기능이 저하되면 체내 독소가 뇌를 자극해 간성 뇌증 같은 증상이 나타나기도 해요. 또한, 초콜릿, 자일리톨, 살충제, 약물 중독, 고열, 전해질 불균형, 고혈압 등도 원인이 될 수 있어요.

병원 내원 전, 무엇을 살펴보면 좋을까요?

아이의 상태를 정확히 전달하기 위해 아래 내용을 정리해 주세요.

1) 증상 시작과 경과

- ☐ 처음 발작을 한 시점은 언제인가요?
- ☐ 얼마나 자주, 얼마나 오래 지속되나요?
- ☐ 특정 시간대나 상황에서 반복되나요?
- ☐ 발작 전에 이상 징후(불안, 멍함 등)가 있었나요?

2) 발작 중 행동

- ☐ 팔다리를 뻗거나 떨면서 쓰러졌나요?
- ☐ 침을 흘리거나 입에서 거품이 났나요?
- ☐ 눈동자의 움직임이 이상하거나 고정됐나요?
- ☐ 대소변을 봤나요?
- ☐ 발작 중 울거나 이름을 불렀을 때 반응이 있었나요?

3) 발작 후 행동

- ☐ 방향 감각을 잃거나 비틀거렸나요?
- ☐ 보호자를 알아보지 못했나요?
- ☐ 구토나 설사 같은 다른 증상도 있었나요?
- ☐ 발작 후 회복까지 시간이 얼마나 걸렸나요?

4) 평소 건강 상태 및 복용 약물

- ☐ 복용 중인 약물이나 보조제가 있나요?
- ☐ 최근에 새로운 음식이나 간식, 약물을 먹은 적이 있나요?
- ☐ 기저 질환이나 수술/마취 이력이 있나요?

- ☐ 최근에 외상이나 머리 부딪힘이 있었나요?
- ☐ 가족력이나 유전적 질환이 의심되나요?

☐ 보호자님께 드리는 작은 팁

발작 중에는 절대 입에 손을 넣거나 억지로 몸을 잡지 마세요. 보호자와 아이 모두 다칠 수 있어요. 가능하다면 발작 모습을 영상으로 남겨 두면 진단에 큰 도움이 돼요.

병원에서는 어떤 과정을 거치게 될까요?

병원에서는 먼저 아이의 상태가 응급인지 아닌지를 신속히 판단해요. 5분 이상 발작이 지속되거나, 짧은 시간 내에 반복되는 경우에는 항경련제 주사, 수액, 산소 공급, 체온 조절 등을 통해 빠르게 상태를 안정시켜야 해요. 아이의 상태가 안정되면, 문진과 신체 검사, 혈액 검사를 통해 뇌 외 원인을 먼저 확인해요. 혈당, 전해질, 간·신장 기능, 염증 수치를 평가해 체내 균형에 문제가 있는지 살펴봐요. 이때 보호자님이 관찰하신 발작 양상, 시작 시점, 반복 횟수, 지속 시간, 발작 중 행동과 회복 후 상태는 진단에 매우 중요한 단서가 돼요. 가능하다면 영상이나 메모를 함께 보여주시면 진단에 큰 도움이 된답니다. 검사에서 별다른 이상이 없으면, 뇌내 원인을 의심하고 CT나 MRI 등 정밀 검사를 계획해요. 이 과정은 전신 마취가 필요하기 때문에, 아이의 상태가 안정된 이후에 진행해요.

어떻게 치료하나요?

간질처럼 구조적 이상이 없는 경우에는 항경련제 치료를 통해 발작을 조절하게 돼요. 처방이 시작되면, 정해진 시간에 꾸준히 복용하는 것이 치료의 핵심이에요.

반대로 뇌종양이나 뇌기형처럼 원인이 뚜렷한 경우에는 신경외과 수술을 고려할 수도 있어요.

또한 발작 이후에는 회복기 관리도 중요해요. 수면과 활동 패턴을 일정하게 유지하고, 스트레스를 관리해줘요. 무엇보다 환경 점검과 발작 유발 요인 관리를 통해 재발을 줄여주는 것이 아이를 지키는 데 큰 도움이 된답니다..

한쪽으로 고개를 기울여요

한쪽으로 고개를 기울이는 모습을 '헤드틸트(head tilt)'라고 불러요. 잠에서 막 깬 직후 잠시 중심을 잃고 고개를 기울이는 행동은 일시적인 생리 반응일 수 있어요. 하지만 이러한 자세가 계속 유지되거나 걷는 도중 중심을 잘 잡지 못하고 비틀거리는 모습이 보인다면, 귓속 전정기관이나 뇌의 신경계에 문제가 생긴 것은 아닌지 의심해볼 필요가 있어요.

⚠ 이런 경우라면 병적인 헤드 틸트를 의심해보세요.

☐ 고개를 한쪽으로 기울인 자세가 지속돼요.
☐ 걷거나 뛸 때 중심을 못 잡고 넘어지거나 원을 그리며 돌아요.
☐ 눈동자가 좌우로 빠르게 흔들려요.
☐ 평소보다 기력이 없고 멍한 모습을 보여요.
☐ 귀를 만졌을 때 아파하거나 불편해해요.

헤드 틸트의 원인은 무엇일까요?

1) 중이염 또는 내이염

귀 안쪽 깊은 부위에 염증이 생기면 균형을 담당하는 전정기관이 영향을 받아 고개를 기울이거나 중심을 잃는 증상이 나타날 수 있어요. 귀를 자주 긁거나 냄새가 나고, 귓바퀴가 붉게 부어 있다면 귀 질환을 염두에 두셔야 해요. 고양이의 경우 '폴립'이라는 염증성 덩어리가 귀 깊은 안쪽에 생기기도 해요. 이 경우 귀를 만졌을 때 통증을 보이지만 식욕은 비교적 유지되는 경우가 많아요.

2) 전정신경계 질환

전정기관이나 연결된 신경에 문제가 생기면 '전정신경계 질환'으로 분류해요. 이는 말초성과 중심성으로 나뉘어요.

말초성 전정질환은 고개를 기울이거나 한 방향으로 도는 행동, 안진, 구토가 동반되며 의식은 또렷한 편이에요. 대부분 시간 경과에 따라 호전되며, 특히 노령견에서 흔한 '특발성 전정질환'도 여기에 포함돼요. 이 경우 뚜렷한 원인은 없지만 수일에서 수주 내 자연스럽게 회복되는 경우가 많아요.

반면 중심성 전정질환은 뇌염, 뇌종양, 드물게는 뇌졸중 등 뇌 자체의 문제로 인해 발생하고, 고개 기울임 외에도 발작, 의식 저하, 사지 마비 등 심각한 신경 증상이 동반될 수 있어요. 말초성보다 예후가 나쁜 편이에요.

3) 기타 원인

목 부위 통증이나 구조적인 문제로도 고개를 기울이는 것처럼 보일 수 있어요. 경추 디스크, 외상, 근육 긴장 등으로 특정 방향의 움직임을 피하려는 경우지요. 고개를 한 방향으로만 돌리려 하거나, 자주 자세를 바꾸려는 행동이 있다면 목 부위 통증 가능성도 고려해보셔야 해요.

병원 내원 전, 무엇을 살펴보면 좋을까요?

진료 전에 아래 내용을 정리해두면 아이의 상태를 더 정확히 전달할 수 있어요.

1) 증상 발생 시기 및 변화 양상

☐ 언제부터 증상이 시작됐나요?
☐ 증상이 지속되나요, 아니면 좋아졌다가 다시 나빠지나요?
☐ 특정 상황에서 더 심해지나요?
☐ 갑자기 시작되었나요, 서서히 심해졌나요?

2) 균형감각 및 운동 기능 변화

☐ 걷거나 뛸 때 자주 넘어지거나 비틀거리나요?
☐ 한 방향으로 원을 그리며 도는 행동이 있나요?
☐ 머리를 기울인 쪽으로 쓰러지는 모습이 있나요?

3) 눈, 귀 관련 변화

☐ 눈동자가 좌우 또는 상하로 빠르게 움직이나요?
☐ 귀를 자주 긁거나, 냄새가 나고 분비물이 보이나요?
☐ 귀 주변을 만졌을 때 통증 반응이 있나요?
☐ 한쪽 얼굴 근육이 처지거나 눈꺼풀이 움직이지 않나요?
☐ 최근에 귀 질환을 진단받은 적이 있나요?

병원에서는 어떤 과정을 거치게 될까요?

병원에서는 보호자님이 전달해주신 정보를 바탕으로 신경학적 검사를 진행해요. 눈동자의 움직임, 자세 반응, 보행 평가 등을 평가해 말초성인지 중심성인지 구분해요. 이후 검이경으로 귀 안을 관찰하여 염증, 출혈, 이물질 여부 등을 확인해요. 필요한 경우 영상 검사를 통해 귀 구조를 좀 더 면밀히 살펴볼 수도 있어요.

혈액검사를 통해 전신 염증 수치, 장기 기능 이상, 감염 여부 등을 평가해요. 기본 검사상 증상의 원인이 명확하지 않거나 중심성 질환이 의심되는 경우 MRI나 CT 등의 영상검사로 뇌 구조를 확인하게 돼요.

어떻게 치료하나요?

귀의 염증이 원인이라면 항생제, 소염제, 진통제 등을 사용하게 되고, 어지럼증이나 구토가 있다면 구토 억제제도 함께 처방돼요. 특히 노령견에서 자주 보이는 특발성 전정질환은 시간이 지나면서 자연스럽게 호전되는 경우가 많지만, 회복을 돕기 위해 약물 치료와 함께 환경 조절도 중요해요.

만약 뇌종양, 뇌염, 경추 디스크 등 구조적인 문제가 확인된다면, 수술적 치료가 필요할 수 있어요. 특히 뇌에 원인이 있을 경우에는 병변의 위치나 상태에 따라 예후와 치료 방향이 달라져요.

회복 중인 아이에게는 조용하고 자극이 적은 환경이 큰 도움이 돼요. 미끄럽지 않은 바닥, 충돌 위험이 없는 공간을 마련해주시고, 갑작스러운 소음이나 외부 자극은 줄여주세요. 식욕이 떨어진 경우에는 부드럽고 소화가 잘되는 음식을 소량씩 자주 급여해 아이가 편안하게 회복할 수 있도록 도와주세요.

PART 6
생식기계

★ 즉시 병원에 가야 하는 응급 증상

☑ 음경이나 질에서 피나 고름 같은 분비물이 나오는 경우
☑ 반복적인 구토나 식욕부진과 함께 배가 불러보이는 경우
☑ 음낭, 외음부, 유선이 갑자기 붓거나 통증이 생긴 경우
☑ 출산 중 30분 이상 새끼가 나오지 않는 경우
☑ 외음부를 계속 핥고 만졌을 때 통증 반응을 보이는 경우
☑ 중성화한 아이에서 배뇨 이상을 보이는 경우

⚠ 주의해서 관찰해야 할 증상

☑ 유선 부위에 단단한 멍울이 만져지는 경우
☑ 평소보다 예민해지거나 무기력한 경우
☑ 배뇨 자세를 취하지만 소변이 잘 나오지 않는 경우
☑ 평소보다 소변을 자주 보거나 실수 횟수가 잦아진 경우

이런 증상을 보인다면 우선 생식기 부위를 부드럽게 닦아주고, 조용하고 안락한 환경에서 쉬게 해주세요. 단, 증상이 하루 이상 지속되거나 점차 심해지는 경우에는 꼭 병원을 방문해 정확한 진단을 받는 것이 필요합니다.
참고로 생식기계와 비뇨기계는 해부학적으로 가까운 위치에 있어 서로 영향을 주는 일이 많아요. 예를 들어 수컷의 전립선이 비대해지면 요도를 압박해 소변 줄기가 가늘어지거나 배뇨 시간이 길어질 수 있고, 암컷의 경우 자궁이 커지면 방광을 눌러 배뇨 횟수가 늘거나 실수가 많아질 수 있어요. 그래서 문제의 원인이 생식기계에 있는지, 비뇨기계 이상 때문인지 구분해 살펴보는 것이 중요해요.

우리 아이의 생식기계,
어떻게 작동할까?

"고양이는 생리를 안 하나요?" "강아지는 언제쯤 발정을 하나요?" 보호자님들께서 한 번쯤 궁금해하셨을 질문이죠. 반려동물의 생식기계는 단순히 번식을 위한 구조를 넘어서, 호르몬 조절과 행동 변화, 전신 건강과도 밀접하게 연결돼 있어요. 수컷과 암컷은 생식기의 구조부터 다르고, 중성화 여부에 따라서도 기능과 행동이 달라지기 때문에 생식기계의 이해는 매우 중요하답니다.

1. 생식기 구조와 기능

수컷

정자와 남성호르몬인 테스토스테론을 생성하며, 정자를 운반하고 배출하는 기능을 해요. 고환은 음낭 속에 위치하며, 이곳에서 정자와 호르몬이 만들어져요. 정자는 부고환에 저장되었다가 정관을 따라 이동하면서 전립선에서 분비된 정액과 섞여 요도를 통해 음경으로 배출돼요. 전립선은 요도를 감싸고 있어요. 그래서 염증이나 비대증이 생기면 요도를 눌러 배뇨 곤란이나 실수를 유발할 수 있답니다.

암컷

난소에서 난자와 함께 여성호르몬인 에스트로겐과 프로게스테론이 만들어지고, 난자는 난관을 따라 이동하다가 정자와 만나면 수정이 일어나요. 이후 수정란은 자궁에 착상해 자라게 되며, 자궁은 임신을 유지하는 데 중요한 역할을 해요. 질은 새끼가 나오는 통로이자 외부와 직접 연결되는 구조라 감염에 취약할 수 있어요. 외음부는 질을 보호하는 외부 장벽 역할을 하지요.

2. 발정과 행동 변화

강아지

암컷은 보통 생후 6-12개월 사이에 첫 발정을 시작하고, 이후 6-12개월 간격으로 발정이 반복돼요. 발정기에는 외음부가 붓고 출혈이 보이며, 수컷에게 관심을 보이거나 꼬리를 들어올리는 등 행동 변화가 나타나요.
수컷 강아지는 스스로 발정을 하지는 않지만, 발정 중인 암컷의 냄새에 반응해 식욕이 줄거나 탈출 시도를 하는 등의 행동을 보일 수 있어요.

고양이

고양이는 '계절성 유도배란 동물'이에요. 주로 봄부터 가을까지 따뜻한 계절 동안 발정이 자주 나타나고, 수컷과의 교미 자극이 있어야 배란이 일어나요. 암컷 고양이는 외음부 출혈보다는 독특한 울음소리, 엉덩이를 들어올리는 자세, 몸을 비비는 행동 등으로 발정을 표현해요. 수컷 고양이도 암컷의 발정 냄새에 자극받아 마킹, 공격성 증가, 탈출 시도 등 행동 변화가 뚜렷하게 나타날 수 있어요.

3. 중성화 수술과 생식기계 질환의 관계

중성화 수술은 번식을 막는 목적뿐 아니라, 성호르몬과 관련된 다양한 질환을 예방하는 데 도움이 돼요. 하지만 수술 시기나 필요성은 품종, 연령, 체격, 건강 상태에 따라 달라질 수 있으므로 반드시 수의사와 충분히 상의하셔야 해요.

수컷의 중성화 수술

고환을 제거함으로써 고환염, 종양, 전립선 비대, 항문 주변 종양 등 남성호르몬과 관련된 질환의 위험을 줄일 수 있어요. 단, 수술 이후 남성호르몬 분비가 줄어들면서 기초대사율도 줄어들어 살이 쉽게 찔 수 있으므로 체중 관리를 위한 식단 조절과 규칙적인 운동이 필요해요.

암컷 중성화 수술

난소와 자궁을 함께 제거하는 방식으로 수술을 하게 되며, 이를 통해 자궁축농증, 난소 종양, 유선 종양 등의 발생 위험을 크게 줄일 수 있어요. 특히 첫 발정 전에 수술할 경우 유선 종양 발생률이 크게 감소하는 것으로 알려져 있어요. 드물게 수술 후 요실금이나 피부 변화가 생기기도 하지만, 일상에 큰 영향을 주지 않고 약물 치료나 관리로 조절되는 경우가 많아요.

암컷 생식기에서 분비물이 나와요

암컷 반려동물의 외음부에서 분비물이 보이면 많은 보호자님들이 보통 '생리'라고 생각하세요. 실제로 중성화하지 않은 강아지라면 발정기 동안 외음부가 붓고 붉어지며, 소량의 출혈성 분비물이 나타나는 것은 자연스러운 현상이에요. 이때 아이가 평소처럼 활발하고 식욕도 유지되며, 분비물은 1~2주 안에 자연스럽게 멈추는 것이 일반적이에요.

하지만 분비물의 양이 많아지거나 색이 탁해지고 냄새가 심해지며, 아이가 무기력해지거나 식욕이 떨어진다면 자궁축농증처럼 응급 치료가 필요한 상황일 수 있어요.

⚠ 이런 경우라면 병적인 생식기 분비물을 의심해보세요.

☐ 외음부 주변에 탁하거나 끈적이는 분비물이 묻어나와요.
☐ 분비물의 냄새가 심하고 불쾌한 악취가 나요.
☐ 외음부를 자주 핥거나 불편해해요.
☐ 식욕이 줄고 무기력해졌어요.
☐ 열이 나거나, 물을 많이 마시고 소변을 자주 봐요.

생식기 분비물의 원인은 무엇일까요?

1) 자궁축농증

중성화하지 않은 암컷에서 가장 흔하게 나타나는 생식기 질환이에요. 발정 후 호르몬 변화로 인해 자궁 내막이 두꺼워지고 면역력이 떨어진 틈을 타 세균이 침투하면, 자궁 안에 고름이 고이게 돼요.
외음부로 고름이 배출되는 '개방형'은 눈에 잘 띄지만, 고름이 안에만 쌓이는 '폐쇄형'은 겉으로 드러나는 증상이 적어 보호자가 쉽게 알아차리기 어려워요. 식욕 감소, 무기력, 다뇨·다음 같은 전신 증상이 함께 나타날 수 있어요.

2) 질염 또는 외음부 감염

위생 상태가 좋지 않거나 면역력이 저하된 경우, 또는 당뇨병 같은 기저질환이 있는 경우 외음부나 질에 염증이 생길 수 있어요. 끈적이고 악취가 나는 분비물이 나타나고, 외음부를 자주 핥거나 불편해하는 행동이 나타날 수 있어요.

3) 생식기 종양

노령 동물에서는 질, 외음부, 자궁 등에 종양이 생기며 갈색 또는 혈성 분비물이 생기기도 해요. 종양이 점차 자라면서 분비물의 양이 늘고 냄새가 심해지며, 주변 장기를 눌러 배뇨나 배변에도 영향을 줄 수 있어요.

4) 잔존 난소 증후군

중성화 수술을 받았는데도 발정 행동이나 출혈성 분비물이 주기적으로 반복된다면, 난소 조직이 일부 남아 호르몬을 분비하고 있을 가능성이 있어요. 이로 인해 다시 발정이 유도되고, 심한 경우 자궁축농증까지 이어질 수 있어요.

병원 내원 전, 무엇을 살펴보면 좋을까요?

아이의 상태를 정확히 전달하기 위해 아래 내용을 정리해 주세요.

1) 분비물의 발생 시점 및 변화

☐ 분비물이 처음 보인 시점은 언제인가요?
☐ 분비물의 색과 냄새는 어떤가요?
(맑음 / 노란색 / 녹색 / 회색 / 갈색 / 붉은색)
(무취 / 비린내 / 고름 냄새 / 심한 악취)
☐ 발정 시기(생리)와 관련이 있나요?

2) 동반 증상 및 전신 상태

☐ 최근 식욕이 줄거나 기운이 없진 않았나요?
☐ 외음부를 핥거나 불편해하는 행동이 있었나요?
☐ 물을 많이 마시거나 소변량이 늘었나요?

☐ 중성화 수술을 받았나요?
☐ 최근에 복용한 약이 있나요?

병원에서는 어떤 과정을 거치게 될까요?

신체검사를 통해 외음부 상태와 분비물의 양, 냄새, 통증 반응 여부 등을 확인하고, 발열과 같은 전신 상태도 함께 살펴봐요.

자궁 이상이 의심되는 경우에는 복부 초음파 검사를 통해 자궁의 팽창, 염증, 고름의 존재 여부 등을 확인하고, 방광과 신장 등 주변 장기의 상태도 함께 살펴보게 돼요. 자궁축농증의 진단에는 초음파 검사가 가장 정확하고 널리 사용돼요.

자궁에 이상이 확인되면 수술 전 마취와 전신 상태 확인을 위해 혈액 검사를 진행해요. 이때 염증 수치, 간·신장 기능, 전해질 균형, 탈수 여부 등을 종합적으로 평가하지요.

어떻게 치료하나요?

자궁축농증이 확인된 경우 대부분 자궁과 난소를 제거하는 수술이 필요해요. 자궁 내 고름이 남아 있거나 자궁이 파열되면 복막염 또는 패혈증으로 이어질 수 있어, 가능한 한 빠른 수술이 필요해요.

반면, 질염이나 외음부 감염처럼 증상이 비교적 경미하다면 항생제, 소염제 등의 약물치료와 위생 관리를 통해 회복될 수 있어요. 다만 염증이 자궁 안으로 번지지 않도록 세심한 관리가 필요하답니다.

음경이나 고환이 부었어요

평소에도 수컷의 생식기 부위는 일시적으로 붓거나 모양이 달라질 수 있어요. 일부 반려견은 흥분했을 때 음경이 밖으로 나와 부풀 수 있는데, 이런 경우는 대부분 일정 시간이 지나면 자연스럽게 들어가요. 또 양쪽 고환의 크기가 약간 다른 것은 정상적인 생리적 차이일 수 있어요.

하지만 음경이 오랫동안 밖으로 노출된 채 환납되지 않거나, 고환이 단단하고 붉게 부어오르면서 열감과 통증이 느껴지고, 걸음걸이나 자세에 변화가 생긴다면 단순한 생리적 변화로 보기 어려워요.

⚠ 이런 경우라면 병적인 수컷 생식기 부종을 의심해보세요.

- ☐ 생식기 부위를 자주 핥아요.
- ☐ 해당 부위를 만지려고 하면 아파해요.
- ☐ 고환이 붉거나 단단해지고 만졌을 때 열감이 느껴져요.
- ☐ 고환의 좌우 크기 차이가 확연하게 나타나요.
- ☐ 생식기에서 고름이나 피 같은 분비물이 보여요.
- ☐ 음경이 장시간 밖으로 나와 들어가지 않아요.
- ☐ 소변을 볼 때 힘들어하거나 배뇨 자세가 달라졌어요.

수컷 생식기 부종의 원인은 무엇일까요?

1) 감염성 질환

고환이나 음경에 세균성 감염이 생기면, 붓고 열이 나며 통증이 동반될 수 있어요. 위생 상태가 좋지 않거나, 외부 상처를 통해 세균이 침투했을 때 흔하게 발생해요. 대표적인 질환으로는 고환에 염증이 생기는 '고환염', 음경 끝부분에 염증이 생기는 '귀두염', 고환 뒤쪽 정자 통로에 염증이 생기는 '부고환염' 등이 있어요. 이럴 땐 고환이 전체적으로 단단하고 아프게 만져지고, 고름 같은 분비물이 보일 수 있어요.

2) 종양

중성화하지 않은 중년 이상의 수컷에서는 고환 종양은 드물지 않게 발견돼요. 보통 한쪽 고환이 비정상적으로 커지고 단단해지며, 통증 없이 진행되는 경우가 많아요. 일부 고환 종양은 폐나 림프절 등으로 전이되기도 하므로, 고환의 부종이 있다면 정밀 검사를 통해 확인하는 것이 좋아요.

3) 전립선 이상

전립선은 고환 바로 뒤쪽에 위치한 기관으로, 중성화하지 않은 수컷에서 전립선 비대, 전립선염, 전립선 종양 등이 발생할 수 있어요. 이 경우 음경이나 고환 주변이 함께 붓고, 소변 줄기가 가늘어지거나 배뇨 시 불편해하는 모습이 동반될 수 있어요.

4) 음경 탈출

음경이 바깥으로 나온 채 돌아가지 않으면 혈액 순환에 장애가 생기면서 심한 경우 조직 괴사로 이어질 수 있어요. 이럴 땐 윤활제를 바른 뒤 음경을 조심스럽게 되돌리는 정복 처치와 함께, 부종을 줄이기 위한 응급 처치가 필요해요.

5) 회음부 탈장

드물게는 회음부 탈장으로 인해 생식기 주변이 부어 보일 수 있어요. 특히 중성화하지 않은 중년 이상의 수컷에서 잘 나타나며, 탈장된 조직이 장기나 지방 조직일 경우 수술적 교정이 필요해요.

병원 내원 전, 무엇을 살펴보면 좋을까요?

진료 전에 아래 내용을 정리해두면 아이의 상태를 더 정확히 전달할 수 있어요.

1) 증상 시작 시점과 변화 기록

☐ 언제부터 증상이 시작됐나요?
☐ 붓기나 발적, 열감 등의 증상이 점점 심해지고 있나요?
☐ 일상생활(활동성, 식사, 수면 등)에 변화가 있나요?
☐ 자주 핥거나 만졌을 때 아파하나요?
☐ 자세나 걷는 모습에 불편함이 느껴지나요?

2) 배뇨 및 생식기 관련 변화 확인

☐ 소변을 보는 데 어려움을 겪고 있나요?
☐ 혈뇨, 분비물, 냄새나는 분비물이 보이나요?
☐ 음경이 장시간 밖으로 노출되어 있나요?
☐ 고환의 좌우 크기나 모양 차이가 뚜렷한가요?
☐ 고환 내부나 주위에 혹이나 덩어리가 만져지나요?
☐ 중성화 여부와 수술 시기는 언제인가요?

병원에서는 어떤 과정을 거치게 될까요?

먼저 생식기 부위의 외형, 발적, 열감, 통증 유무 등을 확인해 외상, 감염, 종양, 탈장 가능성을 평가해요. 이후 필요에 따라 다음과 같은 검사를 진행하게 돼요. 상황에 따라 혈액 검사를 통해 전신 염증 수치, 간·신장 기능, 감염성 질환 여부 등을 확인하고, 소변 검사를 통해 요로 감염이나 전립선 이상 여부를 함께 평가해요.

초음파 검사는 고환 내부 구조, 혹의 유무, 전립선 상태 등을 확인하는 데 유용해요. 탈장이 의심되는 상황에서는 엑스레이를 통해 구조적 이상 여부를 평가할 수 있고, 혹이 만져질 경우에는 세포검사나 조직검사를 통해 양성 혹은 악성 여부를 감별하게 됩니다.

어떻게 치료하나요?

염이나 염증이 원인이라면 항생제, 소염제, 진통제 등으로 염증을 가라앉히고 통증을 완화하는 약물 치료가 이뤄져요. 이때 아이가 해당 부위를 핥지 않도록 넥카라를 착용시키고, 청결한 환경을 유지해주는 것이 회복에 도움이 돼요.

고환 종양이나 회음부 탈장처럼 구조적 이상이 원인이라면 수술적 치료가 필요해요. 고환 종양이 있을 경우 고환 절제술을 시행하고, 회음부 탈장 시에는 탈장된 장기를 제자리로 되돌리고 조직을 고정하는 수술을 진행해요.

음경이 바깥으로 나온 상태로 돌아가지 않을 때는 응급 처치가 필요해요. 부종을 줄이기 위해 삼투압 원리를 이용해 설탕을 도포하거나, 윤활제를 사용한 후 정복 처치를 시도해요. 만약 혈류 장애로 조직 괴사가 진행되고 있다면 수술이 필요할 수 있어요.

치료 후에는 성적 자극을 유발할 수 있는 환경을 피하고, 정기적인 건강 검진과 위생 관리를 통해 재발을 방지해주는 것이 중요해요.

유두에서 분비물이 나오고, 주변에서 덩어리가 만져져요

출산 후 젖이 분비되거나, 발정이 끝난 암컷에서 유선이 부풀며 젖이 나오는 '상상임신'은 호르몬 변화로 인해 나타날 수 있어요. 이런 경우에는 대부분 며칠 내에 자연스럽게 호전되고, 특별한 치료 없이 회복되는 일이 많답니다.

하지만 유선이 단단하게 뭉쳐 있거나, 유두에서 피나 고름이 섞인 분비물이 나오고, 해당 부위를 만졌을 때 통증이 있거나 아이가 평소보다 무기력해 보인다면 단순한 생리 현상으로 보기 어려워요.

⚠ 이런 경우라면 병적인 유선 변화를 의심해보세요.

☐ 유두에서 피나 고름 같은 분비물이 나와요.
☐ 유선 부위에 단단한 혹이나 말랑한 덩어리가 만져져요.
☐ 유선 주위가 붓고, 누르면 통증 반응을 보여요.
☐ 아이가 유두를 자주 핥거나 긁어요.

유선 변화가 생기는 원인은 무엇일까요?

1) 유선염

주로 수유 중 유두를 통해 세균이 침투하거나, 유즙이 원활하게 배출되지 않아 염증이 생기는 경우가 많아요. 하지만 수유 중이 아니더라도, 상상임신으로 유즙이 고이거나 외상 등의 이유로 발생할 수 있어요.
이때 유선이 붓고 단단해지며, 열감이나 통증이 함께 나타나요. 고름이나 피가 섞인 분비물이 나올 수도 있고, 피부가 붉어지거나 통증이 점점 심해질 수 있어요. 유선염이 악화되면 식욕과 기력이 떨어지고, 농양이 생기거나 전신 감염으로 진행될 수 있기 때문에 빠른 치료가 필요해요.

2) 유선종양

유선종양은 중성화하지 않은 암컷에서 흔하게 발생하는 종양이에요. 처음에는 통증 없는 작고 부드러운 혹으로 시작되지만, 점점 커지면서 주변 조직과 유착되거나 궤양, 출혈 등이
생기기도 해요. 강아지의 경우 유선종양의 약 절반이 악성이라는 보고가 있으며, 고양이는 80~90% 이상이 악성으로 나타나기 때문에 특히 주의가 필요해요.

병원 내원 전, 무엇을 살펴보면 좋을까요?

아이의 상태를 정확히 전달하기 위해 아래 내용을 정리해 주세요

1) 유선 변화에 대한 기록

☐ 분비물이 언제부터 나왔나요?
☐ 분비물의 색깔과 양은 어떤가요?
☐ 덩어리는 언제 처음 만져졌나요?
☐ 크기가 변하고 있나요?
☐ 혹을 만졌을 때 통증 반응이 있나요?
☐ 최근에 출산, 수유, 상상임신 증상이 있었나요?

2) 전신 상태 및 동반 증상

☐ 식욕이나 기력에 변화가 있었나요?
☐ 중성화 수술을 받았다면, 몇 살에 했나요?
☐ 이전에도 유선 관련 문제를 겪은 적이 있었나요?
☐ 최근 스트레스를 많이 받거나 다친 적이 있나요?

병원에서는 어떤 과정을 거치게 될까요?

먼저 보호자와의 상담을 통해 증상이 시작된 시점, 덩어리의 변화, 통증 여

부, 중성화 여부나 출산력 등을 확인해요. 이어서 유선 부위를 촉진하여 혹의 크기, 단단함, 주변 조직과의 유착 여부 등을 살펴보고, 전이 가능성을 고려해 겨드랑이와 서혜부 림프절도 함께 확인해요.

필요 시 가느다란 주사기로 일부 세포를 채취하는 세침흡인 검사를 진행할 수 있는데요, 이 검사는 혹의 성질을 예비적으로 가늠하는 데 도움이 되지만, 종양의 종류, 악성 여부는 수술 후 진행하는 조직검사로 최종 확인하게 돼요.

또한 혈액검사로 전신 상태를 파악하고, 흉부 방사선이나 복부 초음파를 통해 종양의 전이 여부나 내부 장기의 이상 유무도 확인할 수 있어요.

어떻게 치료하나요?

염증이 원인이라면 항생제와 소염제로 치료하며, 통증이 있거나 컨디션이 저하된 경우에는 진통제나 수액 치료가 병행되기도 해요. 수유 중 유선염이라면, 일시적으로 수유를 중단해야 할 수도 있어요.

반면 종양이 의심되거나 혹이 점점 커진다면, 해당 유선을 외과적으로 절제하는 수술이 필요해요. 수술 범위는 종양의 위치와 크기, 전이 여부에 따라 달라지며, 이후 조직검사 결과에 따라 항암치료가 병행될 수도 있어요.

만약 유선이 심하게 붓고 열이 나면서 고름이 퍼지거나 피부 괴사가 의심된다면, 빠른 수액 공급과 항생제 투여, 상태에 따라 응급 수술이 필요할 수도 있어요.

PART 7
전신증상

체중이 자꾸 감소해요

무더운 여름철에는 식욕이 일시적으로 줄거나, 나이가 들면서 활동량이 감소해 근육량이 줄면서 체중이 감소하기도 해요. 이런 변화는 비교적 흔하며 일시적인 경우가 많아 큰 문제가 되지 않는 경우가 많아요.
하지만 식사량은 그대로인데도 체중이 점점 빠지거나, 기력이 떨어지고 털 상태까지 나빠지는 모습이 보인다면 단순한 노화로만 보기엔 무리가 있어요.

⚠ 이런 경우라면 병적인 체중 감소를 의심해보세요.

☐ 이전보다 뼈가 더 도드라져 보여요.
☐ 옆구리나 등선이 눈에 띄게 들어갔어요.
☐ 안아 들었을 때 이전보다 훨씬 가볍게 느껴져요.
☐ 식사량은 유지되거나 오히려 늘었는데도 살이 빠져요.
☐ 털이 푸석푸석해지고 기력도 함께 줄었어요.

체중 감소의 원인은 무엇일까요?

1) 식욕 저하와 함께 체중이 감소하는 경우

먹는 양이 줄면 자연스럽게 살이 빠질 수 있어요. 위염, 장염, 입안 통증, 이물, 감염성 질환 등 소화기계 문제가 원인일 수 있고, 신장 질환이나 간 기능 저하처럼 대사에 영향을 주는 전신 질환도 체중 감소를 유발할 수 있어요. 이런 경우 구토, 설사, 복통, 침 흘림 등의 증상이 동반되기도 해요.

2) 식욕은 유지되는데도 체중이 감소하는 경우

밥을 잘 먹는데도 살이 빠진다면 갑상샘기능항진증, 당뇨병 같은 내분비계 질환이나 흡수 장애, 종양 등의 가능성을 고려해야 해요. 이 경우 과활동, 다음·다뇨, 불안감, 설사, 대변 내 소화되지 않은 음식물 등과 같은 증상이 함께 나타날 수 있어요.

3) 나이가 들면서 서서히 체중이 줄어요

노령 반려동물에서는 근육량이 점차 줄어드는 '근감소증'이 자주 나타나요. 하지만 단순한 노화라고 단정 짓기 전에, 신장병, 심장병, 암과 같은 만성 질환에 동반되는 '악액질' 상태는 아닌지 꼭 확인해야 해요. 악액질은 충분히 먹어도 체중이 줄고 근육이 빠지는 상태로, 계단 오르기를 어려워하거나 금세 앉으려는 모습을 보일 수 있어요. 눈에 띄게 근육량이 줄었다면 정밀 검진을 받아보는 것이 안전해요.

병원 내원 전, 무엇을 살펴보면 좋을까요?

진료 전에 아래 내용을 정리해두면 아이의 상태를 더 정확히 전달할 수 있어요.

1) 체중 변화 양상

☐ 언제부터 체중이 감소하기 시작했나요?
☐ 체중이 급격하게 줄었나요, 서서히 줄었나요?
☐ 환경 변화(이사, 계절 변화 등)나 스트레스가 있었나요?

2) 식사 및 배변 확인

☐ 식사량이나 식욕에 변화가 있었나요?
☐ 구토, 설사, 변비 등 소화기계 증상이 있었나요?
☐ 물을 전보다 더 많이 마시거나 소변을 자주 보나요?

3) 전반적인 건강 상태

☐ 전보다 쉽게 피로해 하고 잠이 많아졌나요?
☐ 털이 푸석해졌나요?
☐ 특정 자세를 꺼리거나 통증 반응이 있었나요?
☐ 최근 복용 중인 약물이나 보조제가 있나요?

병원에서는 어떤 과정을 거치게 될까요?

진료는 문진을 통해 체중 감소의 시기, 식욕 변화, 활동량 및 증상 유무를 파악하는 것부터 시작돼요. 이어서 신체검사로 체형 변화, 탈수 여부, 복부나 림프절의 이상을 촉진하고, 체중 감소의 원인을 좁혀가요.

필요한 경우 혈액검사를 통해 간·신장 기능, 혈당, 전해질, 염증 수치, 빈혈 등을 확인하고, 갑상샘 호르몬이나 부신 기능 등 내분비 질환에 대한 정밀 검사가 추가되기도 해요. 또한 복부 방사선 또는 초음파 검사를 통해 장기 구조나 종양, 림프절 이상 여부를 평가하게 돼요.

어떻게 치료하나요?

위장관 출혈, 탈수, 쇼크 등의 응급 상황에서는 먼저 수액 요법, 산소 공급 등으로 상태를 안정시키고, 이후 원인을 정밀히 파악해요.

위장염, 신장 질환 등의 경우에는 약물 치료, 수액, 처방식 등을 통해 몸의 균형을 맞추고, 식욕이 많이 줄었다면 일시적인 강제 급여나 영양 보충제가 도움이 될 수 있어요.

만약 종양이 원인이라면 수술적 제거를 고려하게 되며, 이후 회복을 위한 보조 치료나 항암 요법이 필요할 수 있어요.

체중이 갑자기 늘었어요

"요즘 들어 우리 아이가 통통해진 것 같아요." 어느 순간부터 조금만 움직여도 숨이 차 보여서 걱정이 돼요. 계절 변화나 중성화 수술 이후에는 호르몬 변화로 인해 에너지 소비가 줄고 식욕이 늘어나 체중이 증가할 수 있어요. 이런 경우에는 식사량과 운동량을 조절해주면 대부분 충분히 관리가 가능해요.

하지만 식사량이 예전과 크게 다르지 않은데도 체중이 눈에 띄게 늘어난다면, 이는 몸의 균형이 무너졌다는 신호일 수 있어요. 특히 호르몬 이상이나 장기 기능 저하처럼 병적인 원인도 함께 고려해볼 필요가 있어요.

⚠ 이런 경우라면 병적인 체중 증가를 의심해보세요.
☐ 식사량은 그대로인데 체형이 눈에 띄게 달라졌어요.
☐ 배가 불룩하게 나오거나, 목이나 가슴에 살이 몰려요.
☐ 활동량이 줄고 쉽게 피곤해 보여요.
☐ 피부에 변화가 생기거나 탈모가 나타나요.
☐ 물을 많이 마시거나 소변량이 눈에 띄게 늘었어요.

체중 증가의 원인은 무엇일까요?

1) 내분비 질환

갑상선 기능 저하증이나 부신피질기능항진증과 같은 호르몬 질환은 체중 증가의 흔한 원인 중 하나예요. 식욕이 이전과 같거나 오히려 줄었음에도 체중이 늘고, 무기력감이나 피부 변화, 복부 비만, 탈모 같은 증상이 함께 나타날 수 있어요.

2) 복수나 종양 등 체액 증가

배가 갑자기 불룩해지면서 체중이 늘었다면, 복강 내에 체액이 고이는 복수나 간이나 비장 같은 장기의 비대, 종양 등이 원인일 수 있어요. 복수는 간 질환, 심장병, 암, 저알부민혈증 등으로 인해 발생할 수 있어요. 단순한 비만과 달리 배가 단단하게 만져지거나, 아이가 숨 쉬기 힘들어 보일 수도 있어요.

3) 운동량 감소 및 섭취량 증가

실내 생활이 길어지거나 나이가 들면서 활동량이 줄고, 식사나 간식량은 그대로인 경우에도 체중이 늘 수 있어요. 특히 중성화 수술 후에는 대사량이 줄기 때문에, 같은 양을 먹더라도 이전보다 살이 찌기 쉬워요.

병원 내원 전, 무엇을 살펴보면 좋을까요?

진료 전에 아래 내용을 정리해두면 아이의 상태를 더 정확히 전달할 수 있어요.

1) 체중 변화 관련

☐ 언제부터 체중이 늘기 시작했나요?
☐ 체중이 점진적으로 늘었나요, 갑작스럽게 늘었나요?
☐ 식사량이나 간식 섭취량이 달라졌나요?
☐ 복부만 불룩한가요, 전체적으로 살이 쪘나요?

2) 전신 상태 및 활동 변화

☐ 활동량이 줄었거나 쉽게 지치나요?
☐ 물을 많이 마시고 소변량이 늘었나요?
☐ 탈모나 피부 변화가 동반됐나요?
☐ 중성화 수술 여부와 시기는 어떻게 되나요?
☐ 복용 중인 약물이 있나요?

병원에서는 어떤 과정을 거치게 될까요?

병원에서는 먼저 보호자님과의 상담을 통해 식사 습관, 활동량, 질병 이력 등을 확인해요. 특히 식사량은 그대로인데 체중이 늘었다면, 호르몬 이상이나 장기 기능 저하 가능성을 우선적으로 고려하게 돼요.

신체검사에서는 복부 팽만이나 장기 비대, 유선 또는 갑상선 주변의 이상 여부 등을 확인해요. 비만으로 보여도, 실제로는 복강 내에 체액 증가나 장기 비대가 원인일 수 있기 때문에 세심하게 살펴봐야 해요. 이후 혈액검사를 통해 갑상샘, 부신, 혈당, 간·신장 기능을 평가하고, 소변검사로 대사 이상이나 요로계 상태도 함께 평가해요. 필요 시 복부 초음파나 방사선 촬영을 통해 장기 구조와 종양, 체액 분포를 자세히 살펴보게 된답니다.

<u>어떻게 치료하나요?</u>

식이성 비만이라면 고열량 간식은 줄이고 체중 조절용 사료로 교체하는 것이 좋아요. 산책이나 놀이 시간을 늘리며 서서히 감량하는 것이 아이에게 부담을 주지 않고 건강하게 체중을 감량하는 방법이에요.

호르몬 질환이 원인이라면 약물 치료가 필요해요. 예를 들어 갑상샘 기능 저하증은 부족한 갑상샘 호르몬을 보충하는 약을, 쿠싱증후군은 과도한 부신 호르몬 분비를 억제하는 약을 사용하게 돼요. 이 경우에는 꾸준한 약 복용과 정기적인 검진이 꼭 필요해요.

복수나 종양이 원인이라면, 먼저 체액 제거나 종양 제거 수술 같은 응급 처치가 이루어질 수 있어요. 이후 원인을 찾기 위한 조직 검사, 영상 진단, 항암 치료 등이 이어질 수 있으니 수의사와의 긴밀한 상담이 중요해요.

열이 나는 것 같아요

강아지의 정상 체온은 37.5-39.0도, 고양이는 38-39.5도 사이로, 사람보다 조금 높은 편이에요. 강아지는 39도, 고양이는 39.5도 이상이면 발열을 의심할 수 있어요. 단, 격하게 놀았거나 더운 날씨, 스트레스에 노출된 경우에도 체온이 일시적으로 오를 수 있어요. 이런 경우 대부분은 휴식 후 자연스럽게 회복되며 큰 문제로 이어지지 않아요.

하지만 귀나 배, 발바닥이 평소보다 뜨겁고, 호흡이 가빠지며, 기운이 없거나 식욕이 줄고 잠이 많아졌다면 주의가 필요해요. 이런 변화가 함께 보인다면, 감염이나 염증처럼 몸 전체에 영향을 주는 병적인 발열일 수 있어요.

⚠ 이런 경우라면 병적인 발열을 의심해보세요.

☐ 귀, 배, 발바닥이 평소보다 뜨거워요.
☐ 숨이 빠르거나 헐떡여요.
☐ 평소보다 기운이 없고 잠이 많아졌어요.
☐ 식욕이 눈에 띄게 줄었어요.

발열의 원인은 무엇일까요?

1) 감염성 질환

세균, 바이러스, 곰팡이 등이 몸속에 들어오면 면역 반응으로 체온이 올라가요. 예를 들어, 피부에 염증이 생기면 해당 부위가 붉어지고 부풀며 통증이 느껴지고, 폐렴이 생기면 기침, 거친 호흡, 무기력 같은 증상이 함께 나타나요. 특히 중성화되지 않은 암컷에서 복부 팽만과 고름 같은 분비물이 동반되며 열이 난다면 자궁축농증을 반드시 의심해야 해요. 이는 즉시 병원에 가야 하는 응급 상황이에요.

2) 면역 반응 이상

드물게는 면역 체계가 자기 몸을 공격하는 자가면역 질환으로 인해 발열이 생기기도 해요. 이 경우 관절 통증, 피로감, 체중 감소 같은 전신 증상이 함께 나타날 수 있어요. 또한 백신 접종 이후 일시적인 면역 반응으로 체온이 오를 수 있어요. 1~2일 이내 자연스럽게 회복되지만, 48시간 이상 열이 지속되거나 평소보다 많이 처져 있다면 병원에서 확인받는 것이 좋아요.

3) 중증 질환의 전조 증상

암, 장기 기능 저하, 패혈증처럼 전신에 영향을 주는 심각한 질환에서도 발열이 나타나요. 특히 패혈증처럼 염증이 몸 전체에 퍼지는 경우에는 체온이 급격히 높아지거나, 반대로 정상 이하로 떨어지기도 하는데, 더 위중한 상태일 수 있어요. 무기력, 식욕 및 체중 감소, 의식 저하 등이 함께 나타날 수 있어요.

병원 내원 전, 무엇을 살펴보면 좋을까요?

진료 전에 아래 내용을 정리해두면 아이의 상태를 더 정확히 전달할 수 있어요.

1) 체온 변화와 관련된 상황
☐ 언제부터 몸이 뜨거워졌나요?
☐ 열이 계속 유지되나요 아니면 오르내리나요?
☐ 최근 백신 접종, 외상, 감염 등의 상황이 있었나요?

2) 전신 상태
☐ 평소보다 잘 움직이지 않으려고 하나요?
☐ 숨을 헐떡이거나, 호흡이 평소보다 빨르게 느껴지나요?
☐ 구토, 설사, 기침, 콧물 같은 증상이 있었나요?
☐ 최근에 접종을 하거나 복용한 약이나 영양제가 있나요?
☐ 몸을 만졌을 때 통증 반응을 보이나요?

다른 증상 없이 아이가 비교적 안정적이라면, 다음과 같은 환경 조절과 간단한 관리로 경과를 지켜볼 수 있어요. 단, 증상이 수일 내에 호전되지 않거나 다른 증상이 동반된다면 반드시 병원에 내원해 주세요.

☐ 수분 섭취를 도와주세요
물그릇을 여러 군데에 두거나, 습식 사료나 물 탄 간식을 활용해 수분 섭취를 유도해 보세요.

□ **조용하고 시원한 휴식 공간을 마련해주세요**

햇볕이 들지 않고 통풍이 잘되는 곳에 편안한 잠자리를 준비해 주세요. 에어컨이나 선풍기를 직접 쐬지 않게 주의하면서 실내 온도는 약간 시원하게 유지하는 것이 좋아요.

병원에서는 어떤 과정을 거치게 될까요?

가장 먼저 체온을 측정하고 피부나 점막 상태, 림프절 크기, 통증 반응 등을 확인해요.
이후 혈액 검사를 통해 염증 여부나 장기 기능 이상을 확인하고, 필요에 따라 감염성 질환 검사도 진행해요. 유연 증상이나 호흡 이상이 있을 경우 흉부 방사선을, 식욕이 없거나 복부 통증이 의심되면 복부 초음파를 통해 원인을 확인하게 돼요.

어떻게 치료하나요?

열을 내리는 것만으로는 충분하지 않아요. 가장 중요한 것은 발열의 근본 원인을 찾고, 그에 맞는 치료를 시작하는 것이에요.

감염성 질환이라면 항생제나 항바이러스제를, 자가면역 질환이라면 면역 조절제를 사용할 수 있어요. 40도 이상의 고열일 때는 병원에서 해열 처치를 진행해요. 이때 쓰이는 해열제는 반드시 수의사의 판단 아래, 동물에게 안전한 약만 사용해야 해요. 사람용 해열제를 임의로 사용하는 것은 매우 위험하니 절대 피해주세요.

자궁축농증, 농양, 종양 등 구조적 문제가 원인이라면 수술과 함께 회복 치료가 병행돼요.

치료 외에도 충분한 수분 섭취, 시원한 환경 제공, 필요 시 영양 보충 등 보호자님의 보조 관리도 아이의 회복에 큰 힘이 된답니다.

평소보다 기운이 없어요

"평소처럼 반갑게 맞아주지도 않고, 하루 종일 자는 것 같아요." 늘 밝고 활기차던 우리 아이가 조용해진 모습을 보면, 보호자님은 가장 먼저 "어디가 아픈 걸까?" 하는 걱정이 드실 거예요. 이런 무기력한 모습은 낯설고 불안하게 느껴지지요.

물론 기운이 없어 보인다고 해서 모두 병적인 상태는 아니에요. 단순한 피로나 과도한 활동, 계절 변화, 나이에 따른 자연스러운 활동량 감소도 원인이 될 수 있어요. 하지만 이러한 모습이 반복되거나, 다른 증상과 함께 나타난다면 아이가 보내는 "도와줘요"라는 신호일 수 있어요. 무기력은 다양한 질환의 초기 증상으로 나타나는 경우가 많기 때문이에요.

⚠ 이런 경우라면 병적인 기력저하를 의심해보세요.

☐ 하루 종일 잘 움직이지 않고 누워 있는 시간이 늘었어요.
☐ 산책, 장난감, 간식에도 무관심해요.
☐ 눈빛이 흐리고 반응이 느려졌어요.
☐ 이름을 불러도 예전만큼 반응하지 않아요.
☐ 평소보다 숨을 깊게 쉬거나, 가쁘게 쉬어요.

기력저하의 원인은 무엇일까요?

1) 통증

관절염, 디스크, 타박상, 골절, 근육통 등 근골격계 질환은 움직일 때 통증을 유발해 활동량을 줄이는 가장 흔한 원인 중 하나예요. 아픈 부위를 핥거나, 특정 자세만 고집하거나, 만졌을 때 날카롭게 반응하는 모습으로 나타날 수 있어요.

2) 신경계 질환

신경계에 문제가 생기면 외상이 없어도 중심을 잡지 못하거나, 멍한 표정을 보이며 움직임이 어색해질 수 있어요. 말초신경부터 뇌까지 다양한 부위의 이상으로 생길 수 있으며, 특히 중추신경계에 문제가 생긴 경우 빠르게 악화될 수 있어 조기 진단이 중요해요.

3) 대사 및 전신 컨디션 이상

고열, 빈혈, 저혈당, 탈수, 전해질 불균형, 영양 결핍 등은 전신 피로감을 유발해요. 특히 갑상샘기능저하증, 당뇨병, 부신피질기능저하증 같은 내분비 질환은 몸에서 에너지를 제대로 만들거나 활용하지 못하게 해 쉽게 무기력해질 수 있어요. 체중 변화, 다음·다뇨, 식사량 변화 같은 증상과 함께 나타난다면 주의가 필요해요.

4) 감염성 질환

호흡기 감염, 장염, 피부염 등으로 인해 몸에 열이 오르거나, 식욕이 떨어지고, 구토·설사 등의 증상이 동반될 수 있어요. 미열만 있더라도 활동량이 눈에 띄게 줄어들 수 있으니 단순한 피로로 넘기지 말고 아이의 상태를 꼼꼼히 살펴주세요.

5) 심장 및 호흡기 질환

조금만 움직여도 숨이 차거나 쉽게 지치는 모습은 심장이나 폐 기능 이상을 의심해볼 수 있어요. 숨 쉴 때 배에 힘을 주거나, 입을 벌리고 빠르게 호흡한다면 주의가 필요해요. 혀나 잇몸이 창백하거나 푸르게 변해 있다면 산소 공급에 문제가 생긴 것일 수 있으니 빠른 진료가 필요합니다.

병원 내원 전, 무엇을 살펴보면 좋을까요?

아이의 상태를 정확히 전달하기 위해 아래 내용을 정리해 주세요.

1) 활동 및 반응 변화

☐ 언제부터 무기력한 모습이 시작되었나요?
☐ 누워 있는 시간이 늘고, 움직임이 줄었나요?
☐ 산책, 간식 등 평소 좋아하던 것에도 반응이 없나요?
☐ 이름을 불러도 반응이 느리거나, 눈빛이 흐릿해졌나요?

2) 전신 상태 및 환경 변화

☐ 식욕이 줄었거나, 전혀 먹지 않으려 하나요?
☐ 열, 구토, 설사, 기침 등의 증상이 함께 있나요?
☐ 특정 부위를 만졌을 때 통증 반응이 있나요?
☐ 소변이나 대변 횟수와 양에 변화가 있었나요?
☐ 걷거나 일어나는 걸 힘들어하거나 절뚝거리지는 않나요?
☐ 최근 스트레스를 받을 만한 환경 변화가 있었나요?
☐ 복용 중인 약물이나 접종 이력이 있나요?

병원에서는 어떤 과정을 거치게 될까요?

기력 저하는 다양한 질환에서 흔히 나타나는 증상이기 때문에, 아이의 상태를 다각도로 확인하는 것이 중요해요.

우선 체온, 심박수, 호흡수 같은 활력 징후를 확인한 뒤, 청진으로 심장과 폐 소리를 듣고, 촉진을 통해 탈수 여부나 복부 통증, 근육의 긴장도, 신경 반사 등을 살펴봐요.

이후 혈액 검사를 통해 감염이나 염증, 빈혈, 간·신장 기능, 전해질 이상, 내분비 질환 여부를 확인하고, 필요하다면 호르몬 검사를 추가로 진행할 수 있어요. 또한 엑스레이나 초음파 검사를 통해 심장, 폐, 복부 장기나 관절 등 구조적인 문제가 있는지 확인하고, 필요에 따라 신경 반사 검사나 관절 운동 범위 검사도 함께 시행해요.

어떻게 치료하나요?

무기력의 원인이 내과적 질환이라면, 상태에 따라 약물 치료, 수액 보충, 식이 조절 등을 통해 회복을 도울 수 있어요. 특히 탈수나 저혈당 상태라면 빠른 수액 치료와 에너지 공급이 중요해요.

만약 뼈나 관절, 장기 등의 구조적인 문제가 확인된다면 수술적 처치가 필요할 수 있고, 심한 호흡곤란이나 의식 저하, 쇼크 상태에서는 즉각적인 응급 처치와 함께 산소 공급, 수액 요법, 약물 치료가 선행되어야 해요.

무엇보다 아이가 안정적으로 회복할 수 있도록 조용하고 편안한 환경을 마련해주는 것이 중요해요. 특히 노령이거나 만성 질환이 있는 아이의 경우, 수의사의 판단에 따라 보조제나 영양제를 함께 사용하는 것도 도움이 될 수 있어요.

입에서 냄새가 나요

반려동물도 어느 정도 입 냄새는 있을 수 있어요. 사료나 간식, 장난감의 잔향이 입안에 남기도 하고, 양치를 해도 시간이 지나면 다시 냄새가 날 수 있거든요. 이런 냄새는 대부분 금방 사라지기 때문에 큰 걱정을 하지 않아도 괜찮아요.

하지만 냄새가 점점 심해지거나, 식욕이 줄고 침을 흘리거나 입을 불편해하는 모습까지 보인다면 이야기가 달라져요. 우리 아이는 아픈 곳을 직접 말할 수 없기 때문에, '입 냄새'는 몸 어딘가에 문제가 있다는 조심스러운 신호일 수 있어요.

⚠ 이런 경우라면 병적인 구취를 의심해보세요.

☐ 입에서 썩은 냄새, 암모니아 냄새, 시큼한 냄새가 나요.
☐ 침을 자주 흘리거나 입을 자주 핥아요.
☐ 음식을 먹을 때 한쪽으로만 씹는 모습이 보여요.
☐ 잇몸이 빨갛게 부어있거나 출혈이 있어요.

구취의 원인은 무엇일까요?

1) 치아 및 구강 질환

치석이 많이 쌓이거나 잇몸에 염증이 생기면, 입안 세균이 냄새나는 부산물을 만들어내면서 강한 악취가 발생해요. 잇몸 출혈, 치아 흔들림, 치관 파절도 흔한 원인이에요. 구강 점막에 궤양이나 종양이 생긴 경우에는 통증 때문에 음식을 꺼리거나, 한쪽으로만 씹는 행동이 나타날 수 있어요.

2) 소화기계 또는 호흡기계 질환

입 안에서 특별한 이상이 발견되지 않더라도, 위식도 역류나 만성 위염 등 소화기 문제로 인해 위장에서 냄새가 올라올 수 있어요. 이런 경우 트림이나 구토, 식욕 저하가 함께 나타날 수 있고요. 또한 상기도나 편도, 후두에 염증이 생겼을 때도 입 냄새가 날 수 있어요. 이때는 콧물, 코막힘 등의 호흡기 증상도 함께 나타나요.

3) 신장 질환 및 대사성 질환

신장 기능이 저하되면 체내 노폐물이 제대로 걸러지지 않아, 입에서 소변 냄새 같은 암모니아 냄새가 날 수 있어요. 이 경우 물을 많이 마시거나 소변량이 늘고, 기력이 떨어지는 전신 증상이 함께 나타나요. 당뇨병이 있는 아이에서는 과일 향처럼 달콤한 냄새가 나기도 하고, 지나친 갈증과 잦은 배뇨, 체중 감소가 동반되는 경우가 많아요.

병원 내원 전, 무엇을 살펴보면 좋을까요?

진료 전에 아래 내용을 정리해두면 아이의 상태를 더 정확히 전달할 수 있어요.

1) 구취 관련 정보
☐ 입 냄새는 언제부터 시작되었나요?
☐ 냄새가 지속적인가요, 간헐적인가요?
☐ 특정 음식이나 상황과 연관이 있나요?
☐ 냄새는 어떤가요? (✓썩은 냄새 ✓금속 냄새 ✓단내)
☐ 식욕이 줄거나 씹는 방식에 변화가 있나요?
☐ 입을 자주 핥거나 쩝쩝거리는 행동이 있나요?

2) 전신 상태 확인
☐ 물을 많이 마시거나 소변량이 늘었나요?
☐ 체중이 줄거나 기력이 떨어졌나요?
☐ 구토, 설사, 침 흘림의 증상이 있나요?
☐ 최근에 치과 치료를 받은 적이 있었나요?
☐ 현재 복용 중인 약물이 있나요?

병원에서는 어떤 과정을 거치게 될까요?

먼저 보호자님께 증상이 시작된 시점과 진행 양상에 대해 자세히 여쭙고, 체온, 심박수, 호흡수 등의 활력 징후를 포함한 전신 상태를 확인해요. 이후 입안을 살펴보며 치석, 잇몸 상태, 치아 흔들림, 구강 점막의 궤양이나 종양 여부 등을 검사하고, 턱뼈나 림프절에 통증이나 부종이 있는지도 함께 확인해요.

필요에 따라 혈액검사를 통해 염증 수치, 신장·간 기능, 혈당 등을 확인해요. 마취가 필요한 진료나 시술을 고려할 경우, 전신 상태 평가에도 활용되죠.

구강 구조의 문제가 의심되는 경우에는 구강 전용 방사선 촬영을 진행하고, 혹이나 덩어리가 만져질 때는 조직검사를 통해 종양 여부나 염증 성격을 정확히 판단해요. 구강 종양의 범위나 뼈 침윤 여부가 의심될 경우, 필요에 따라 CT 촬영이 권장될 수 있어요.

어떻게 치료하나요?

염증이 원인일 경우 항생제나 소염제를 사용해 상태를 안정시키고, 치석이 심하거나 치아 자체에 문제가 있다면 스케일링이나 발치가 필요할 수 있어요. 종양이 확인된 경우에는 수술적 제거를 우선 고려하게 되지요. 입 안에 출혈이 지속되거나, 침을 심하게 흘리며 입을 잘 다물지 못한다면 응급상황일 수 있으니 빠르게 병원을 방문해 주세요.

무엇보다도 중요한 건 예방이에요. 정기적인 구강 검진과 스케일링, 그리고 꾸준한 양치 습관은 입 냄새를 줄이는 가장 효과적인 방법이에요. 만약 양치가 어렵다면, 구강 전용 간식이나 치약, 구강 겔, 물에 타서 사용하는 구강 세정제 등을 함께 활용해보시는 것도 좋아요.

PART 8
눈과 귀

★ 즉시 병원에 가야 하는 응급 증상

- ☑ 눈이 뿌옇게 흐려지거나, 검은 눈동자가 부어오른 경우
- ☑ 눈을 제대로 뜨지 못하고 자꾸 찡그리는 경우
- ☑ 눈에서 피 섞인 분비물이나 고름이 나오는 경우
- ☑ 눈이 갑자기 튀어나온 듯 돌출되는 경우
- ☑ 귀를 심하게 긁거나, 머리를 계속 흔드는 경우
- ☑ 고개를 한쪽으로 기울이거나, 원을 그리듯 걷는 경우
- ☑ 이름을 불러도 반응하지 않거나, 소리에 둔감해진 경우

이러한 증상은 각막 궤양, 녹내장, 외상, 고막 파열 등 시력과 청력을 위협하는 심각한 문제의 신호일 수 있어요. 치료가 늦어지면 영구적인 손상이나 신경계 증상으로 이어질 수 있기 때문에, 가능한 한 빠르게 진료를 받는 것이 매우 중요해요.

⚠ 주의해서 관찰해야 할 증상

- ☑ 눈곱이 평소보다 많아졌거나, 눈물이 자주 흐르는 경우
- ☑ 눈이 살짝 충혈되었지만 활동성과 식욕은 정상인 경우
- ☑ 귀지가 늘었거나, 귀 안이 평소보다 붉어 보이는 경우
- ☑ 이름을 불렀을 때 반응이 느려졌지만 반응은 하는 경우

우리 아이의 눈과 귀,
어떻게 작동할까?

"강아지가 갑자기 한쪽 눈을 잘 못 떠요." "고양이를 불러도 예전보다 반응이 느린 것 같아요." 반려동물과 함께 지내다 보면 눈곱이나 눈물, 귀지, 청력 저하처럼 눈과 귀에 관련된 변화를 자주 마주하게 돼요.
눈과 귀는 세상을 인식하는 데 꼭 필요한 감각 기관이지만, 구조가 섬세하고 민감해서 작은 문제도 빠르게 알아차리는 것이 중요해요. 특히 고양이의 눈은 외상에 취약하고, 강아지의 귀는 구조적으로 습기와 염증에 쉽게 영향을 받는 형태라 더욱 세심한 관리가 필요하답니다.
조금이라도 이상이 보인다면, 조기에 대처하는 것이 시력이나 청력 손실을 막는 데 큰 도움이 될 수 있어요.

1. 눈: 세상을 보는 창

눈은 각막, 홍채, 수정체, 망막, 시신경으로 이루어져 있어요. 빛은 각막을 통과해 수정체에서 굴절되고, 망막에 초점이 맺힌 뒤 시신경을 통해 뇌로 전달돼요.

각막은 눈의 가장 바깥을 덮는 투명한 막으로, 외부 빛이 처음 통과하는 곳이에요. 상처나 염증이 생기면 통증과 눈부심이 생기면서 눈을 뜨기 어려울 수 있어요.

홍채는 눈동자의 색을 결정하며 들어오는 빛의 양을 조절해요. 어두운 곳에서는 확장되고 밝은 곳에서는 수축해요.

수정체는 카메라 렌즈처럼 초점을 맞추는 역할을 해요. 나이가 들면 수정체 중심부가 점차 단단해지면서 '핵경화'가 생기고, 불투명한 혼탁이 나타나면 백내장으로 진행될 수 있어요.

망막은 시각세포들이 모여 있는 곳으로 빛 정보를 감지해 시신경을 통해 뇌로 전달해요. 망막이 손상되면 시력 저하가 나타날 수 있어요.

눈꺼풀과 눈물샘은 눈을 보호하고 촉촉하게 유지해요. 눈물이 부족하거나 눈꺼풀에 문제가 생기면 각막에 상처가 생기기 쉬워요.

2. 귀: 소리와 균형을 감지하는 기관

귀는 외이, 중이, 내이로 나뉘며, 단순히 '소리'를 듣는 역할 외에도 몸의 균형을 유지하는 데 중요한 기능을 해요.

외이는 귓바퀴부터 외이도까지의 구간으로 소리를 모아 고막으로 전달해요. 강아지와 고양이는 외이도가 길고 구불구불해 습기나 이물질이 잘 쌓이고, 이로 인해 외이염이 자주 발생할 수 있어요.

중이는 고막과 세 개의 작은 뼈인 이소골로 이루어져 있어요. 고막이 진동하면 이 진동이 이소골을 거쳐 내이로 전달돼요. 중이에 염증이 생기면 통증, 고개 기울임, 입을 벌릴 때 불편해하는 모습 등이 나타날 수 있어요.

내이는 달팽이관과 전정기관으로 구성되어 있어요. 달팽이관은 소리를 감지하고, 전정기관은 몸의 균형을 유지해줘요. 내이에 염증이 생기면 청력 저하뿐만 아니라, 빙빙 도는 증상이나 눈동자가 좌우로 떨리는 안구진탕, 균형을 잃는 모습 등이 나타날 수 있어요. 고양이의 경우에는 내이염이 빠르게 뇌 신경으로 퍼질 수 있기 때문에, 고개를 기울이거나 평형 감각에 이상이 보이면 즉시 병원 진료가 필요해요.

눈곱과 눈물이 많아졌어요

건강한 아이들도 아침에 눈곱이 살짝 끼는 것은 흔한 일이에요. 연한 회색이나 약간 갈색빛을 띠는 소량의 눈곱은, 눈에서 자연스럽게 분비되는 물질이 말라 생긴 정상적인 반응이랍니다. 먼지가 많은 환경에 있었거나, 바람을 많이 맞은 날, 일시적인 자극을 받은 경우에도 눈물이 조금 고이거나 흘러내릴 수 있어요.

하지만 눈곱의 양이 평소보다 많아지고 색이 짙어지거나, 끈적이거나 고름처럼 보이며, 눈물이 줄줄 흐르며 털이 젖고 피부까지 자극을 받는다면 눈 건강에 이상이 있다는 신호일 수 있어요. 특히 눈을 자주 비비거나, 제대로 뜨지 못하는 모습이 보인다면 결막염, 눈물길 막힘, 각막염, 심한 경우에는 녹내장 같은 안과 질환을 의심해볼 수 있어요. 눈은 손상 속도가 빠르기 때문에, 조기에 확인하고 치료하는 것이 아주 중요해요.

⚠ 이런 경우라면 병적인 눈물과 눈곱을 의심해보세요.

☐ 눈곱의 양이 갑자기 늘었어요.
☐ 눈물이 계속 흘러 털이 젖고 피부까지 자극을 받아요.
☐ 눈곱이 누렇거나 초록빛을 띠고 끈적해요.
☐ 눈 주위가 붉게 변하거나 부어 있어요.

눈곱과 눈물의 병적인 원인은 무엇일까요?

1) 노란색 또는 초록색 눈곱

눈곱이 누렇거나 초록빛을 띠고 양이 많아졌다면, 결막염이나 각막염 같은 세균 감염을 의심할 수 있어요. 이런 경우 눈을 자주 깜빡이거나 비비는 행동, 충혈, 심할 경우에는 눈을 뜨기 어려워하는 모습이 함께 나타날 수 있어요.

2) 눈물이 털을 적실 정도로 흐르는 경우

눈물이 과도하게 흐르는 이유는 두 가지로 나눠볼 수 있어요. 하나는 눈물이 너무 많이 생성되는 경우, 다른 하나는 생성된 눈물이 잘 빠져나가지 못하고 고이는 경우예요. 선천적인 눈물관 이상, 알레르기, 비염, 이물질 등이 원인이 될 수 있으며, 특히 퍼그나 페르시안처럼 코가 짧고 눈이 튀어나온 품종에서 흔히 보이지요. 눈 주변 털이 갈색으로 변하거나, 습한 상태가 지속되며 2차 피부염이 생기기도 하니 주의가 필요해요.

3) 눈 주위가 붉거나 부어있는 경우

눈 주위가 붉게 변하거나 부어오르고, 눈을 제대로 뜨기 힘들어하고 바닥에 문지르려는 행동이 있다면, 알레르기성 결막염, 눈꺼풀 구조 이상, 이물 자극 등을 의심할 수 있어요.

4) 한쪽 눈에만 증상이 있는 경우

한쪽 눈에서만 눈물이나 눈곱이 많아졌다면, 이물이나 눈물관 폐쇄, 각막 궤양 같은 국소적인 문제가 원인일 수 있어요. 어느 눈에서 먼저 증상이 시작되었는지, 반대쪽 눈에도 변화가 있는지 잘 살펴보는 것이 진단에 도움이 돼요.

병원 내원 전, 무엇을 살펴보면 좋을까요?

아이의 상태를 정확히 전달하기 위해 아래 내용을 정리해 주세요.

1) 눈 상태 변화

☐ 언제부터 증상이 시작되었나요?
☐ 하루 중 특정 시간에 증상이 심해지나요?
☐ 눈곱의 색, 양, 점도는 어떤가요?
☐ 눈 주위에 붉은 기운이나 부종이 있나요?
☐ 양쪽 눈 모두 증상이 있나요, 아니면 한쪽만 그런가요?

2) 행동 변화

☐ 눈을 자주 비비거나 바닥에 문지르나요?
☐ 눈을 제대로 뜨지 못하거나 찡그리나요?
☐ 밝은 빛에 민감하게 반응하나요?
☐ 물체를 볼 때 불편해하거나 방향을 찾지 못하나요?

3) 전반적인 건강 상태

☐ 식욕 저하나 기력 저하가 동반되나요?
☐ 최근 재채기나 콧물 같은 감기 증상이 있었나요?
☐ 실내 환경에 변화가 있었나요?
☐ 최근 안약이나 약물을 사용한 적이 있나요?

병원에서는 어떤 과정을 거치게 될까요?

기본적인 안과 검진을 시행한 후, 필요한 경우 형광염색 검사, 세극등 검사, 눈물량 검사, 눈물 배출 검사 등을 진행할 수 있어요. 감염이 의심된다면 눈 분비물을 채취해 세균 배양 검사를 시행하기도 해요. 이렇게 다양한 검사를 통해 원인을 명확히 파악하고, 아이에게 꼭 맞는 치료 계획을 세우게 됩니다.

어떻게 치료하나요?

감염성 질환이 원인이라면 항생제 안약이나 연고를 사용하고, 알레르기나 자극성 요인에 의한 문제라면 항염증 안약이나 인공눈물을 함께 처방해요. 눈물관 폐쇄가 확인되면 눈물관 세정 처치를 진행하게 되고, 눈꺼풀 구조나 속눈썹 이상이 있다면 수술적 교정이 필요할 수도 있어요.

무엇보다 눈을 제대로 뜨지 못하거나 통증 반응이 보인다면 각막 손상 가능성이 높기 때문에 즉시 병원으로 이동해야 해요.

치료와 함께 눈 주위를 항상 깨끗하고 건조하게 유지해 주세요. 눈 주변 털을 잘라 시야를 확보해 주고, 먼지나 향수, 공기청정제처럼 눈을 자극할 수 있는 요소는 피하는 것이 좋아요. 눈곱이 자주 낀다면 눈 전용 티슈나 미온수에 적신 거즈로 부드럽게 닦아주는 것도 도움이 된답니다.

눈을 찡그리고 잘 못 떠요

눈은 단순한 감각 기관을 넘어, 반려동물의 통증이나 불편함을 민감하게 보여주는 '건강의 창'이기도 해요. 눈을 찡그리면서 잘 못 뜨면서 눈 주변을 자주 만지거나 벽에 얼굴을 비비려 하고, 눈물이 과도하게 흐르거나 충혈이 동반된다면 통증이나 자극이 있다는 신호일 수 있어요.
물론 먼지나 털이 들어간 정도의 일시적인 자극이라면 시간이 지나며 호전될 수 있지만, 증상이 반복되거나 심해진다면 눈에 통증이나 자극을 유발하는 질병을 의심해 봐야 해요.

⚠ 이런 경우라면 병적인 눈 찡그림을 의심해보세요.

☐ 한쪽 또는 양쪽 눈을 제대로 뜨지 못하나요?
☐ 계속 눈을 감거나 자주 깜빡이나요?
☐ 눈물이 과도하게 흐르거나 눈 주위가 젖어 있나요?
☐ 눈을 긁거나 벽, 바닥에 얼굴을 문지르려 하나요?
☐ 눈이 빨갛거나 눈 흰자에 충혈이 보이나요?

눈을 찡그리는 병적인 원인은 무엇일까요?

1) 감염과 염증

눈의 표면을 덮고 있는 투명한 막인 '각막'에 상처나 염증이 생기면, 아주 작은 자극에도 눈을 뜨기 어려울 만큼 통증이 심해져요. 이때 눈물이 많아지거나 고름처럼 보이는 분비물이 나올 수도 있어요.

눈꺼풀 안쪽과 흰자를 감싸는 '결막'에 염증이 생기는 결막염 역시 흔한 원인인데요. 세균, 바이러스, 알레르기 등 다양한 원인으로 발생하며, 충혈, 눈곱, 눈 불편감이 함께 나타나요.

한편, 눈물이 충분히 만들어지지 않거나 눈물 성분의 균형이 깨지면 '건성 각결막염'이 생길 수 있어요. 눈이 마르고 뻑뻑해져서 통증이 생기고, 방치 시 2차 감염으로 이어질 수 있어요. 특히 중·노령 아이들에게 자주 나타난답니다.

2) 물리적 자극

속눈썹이 안쪽으로 말려 자라거나, 털이나 먼지 같은 이물질이 눈에 들어가면 눈이 시리고 불편해져 자꾸 찡그리거나 긁는 행동을 보여요. 이런 자극은 시간이 지나면서 각막 손상으로 이어질 수 있어, 빠른 조치가 필요해요.

3) 안압 이상

안구 내부 압력이 급격히 높아지는 '녹내장'은 강한 통증을 유발하고, 눈이 돌출돼 보이거나 시력 손상으로 이어질 수 있는 응급 질환이에요. 반대로 눈 속의 염증인 '포도막염'은 안압을 떨어뜨리며, 이 또한 통증과 시력 저하를 초래할 수 있어요. 두 질환 모두 빠른 진단과 치료가 시력을 지키는 데 매우 중요하답니다.

병원 내원 전, 무엇을 살펴보면 좋을까요?

아이의 상태를 정확히 전달하기 위해 아래 내용을 정리해 주세요.

1) 눈 관련 증상
☐ 눈을 찡그리기 시작한 시점은 언제인가요?
☐ 한쪽 눈인가요, 양쪽 눈 모두인가요?
☐ 빛을 보면 증상이 더 심해지나요?
☐ 눈곱이 많아졌거나 색과 냄새가 변했나요?
☐ 눈 주변을 긁거나 바닥에 얼굴을 문지르나요?

2) 전반적인 건강 상태 체크
☐ 식욕이나 기력에 변화가 있었나요?
☐ 눈 이외에 구토, 기침, 이상 행동 같은 증상이 있나요?
☐ 최근 외출, 목욕, 미용 등의 이력이 있나요?
☐ 다른 동물과 접촉한 적이 있나요?

병원에서는 어떤 과정을 거치게 될까요?

먼저 기본적인 눈 검진이 이루어져요. 각막 손상 여부를 확인하기 위해 형광염색 검사를 실시하고, 결막과 눈꺼풀, 제3안검의 이상 유무도 확인해요. 건성각결막염이 의심되면 눈물 분비량을 측정하고, 안압 측정을 통해 녹내장이나 포도막염 같은 안압 이상 여부를 살펴볼 수 있어요. 이 모든 검사를 바탕으로 정확한 원인을 찾아 치료 계획을 세우게 된답니다.

어떻게 치료하나요?

감염이나 염증이 원인일 경우, 항생제·소염제 등의 안약이나 약물 치료로 대부분 호전돼요. 이물질이 발견되면 제거 후 눈을 보호할 수 있는 약제를 함께 사용하게 되고요. 하지만 속눈썹이 눈을 찌르거나 각막 궤양처럼 구조적인 문제가 있다면, 수술적 교정이 필요할 수 있어요. 특히 안압이 급격히 상승하는 녹내장은 시력 손상이 빠르게 진행될 수 있어서 긴급한 처치가 필요해요. 집에서는 눈에 먼지나 털이 들어가지 않도록 환경을 청결히 유지해 주시고, 외출 후에는 깨끗한 물을 살짝 묻힌 티슈로 눈 주변을 부드럽게 닦아 주는 것이 좋아요. 눈 속에 직접 물이나 세정제를 넣는 것은 피해주세요. 루테인, 오메가-3, 항산화 성분이 포함된 눈 건강 보조제는 장기적으로 도움이 될 수 있지만, 아이의 현재 상태에 맞게 수의사와 상의한 후 사용하는 것이 안전하답니다.

걷다가 벽에 자꾸 부딪혀요

"예전에는 낯선 공간도 잘 돌아다니던 아이가 요즘은 자꾸 벽에 부딪히고 낯선 공간에서는 머뭇거리거나 주저앉기도 해요. 혹시 눈이 잘 안 보이는 걸까요?"

시야의 문제는 보호자와 아이 모두에게 무척 낯설고 당황스러울 수 있어요. 나이가 들면서 서서히 시력이 저하되는 것은 자연스러운 노화의 일부일 수 있지만, 이런 변화는 점진적으로 나타나기 때문에 많은 아이들이 스스로 익숙한 환경에 적응해가며 잘 지내는 경우도 많아요.

하지만 시력 이상은 단순히 '눈이 나빠져서' 생기는 것만은 아니에요. 눈 자체의 문제는 물론이고, 전신 건강 문제나 뇌·신경계 이상에서도 시야 변화가 생길 수 있어요.

⚠ 이런 경우라면 병적인 시력 감소를 의심해보세요.

☐ 자주 벽이나 가구에 부딪혀요.
☐ 밝은 곳에서도 물체를 피하지 못하고 걸려 넘어져요.
☐ 낯선 장소에서 긴장하거나 두려워하는 모습을 보여요.
☐ 보호자가 다가가도 반응이 느리거나 깜짝 놀라요.
☐ 눈동자가 흔들리거나, 눈이 뿌옇고 흐릿하게 보여요.

시력 감소의 병적인 원인은 무엇일까요?

1) 망막 질환이나 백내장

노령 반려동물에게서 흔히 나타나는 백내장과 망막 퇴행성 질환은 시야 저하의 대표적인 원인이에요. 눈이 뿌옇게 흐려지고, 밝은 빛에 민감해지며, 어두운 곳에서 움직임이 둔해질 수 있어요.

2) 고혈압 또는 내분비 질환

고혈압은 망막 출혈이나 망막박리를 유발해 갑작스러운 시력 저하로 이어질 수 있어요. 특히 고양이에서는 고혈압성 망막병증이 흔하게 발생하며, 때로는 갑상선기능항진증이 고혈압의 원인이 되기도 해요.

3) 뇌 신경계 문제

시신경이나 뇌의 시각 중추에 종양, 염증, 감염 등이 생기면 눈에 이상이 없어도 시야에 이상이 생길 수 있어요. 이 경우에는 방향 감각 상실, 빙글빙글 도는 행동 같은 전정계 증상이 동반될 수 있어요.

병원 내원 전, 무엇을 살펴보면 좋을까요?

아이의 상태를 정확히 전달하기 위해 아래 내용을 정리해주세요.

1) 증상 발생 시점과 양상

☐ 언제부터 증상이 시작되었나요?
☐ 실내와 실외 모두에서 같은 증상이 있나요?
☐ 밝은 곳과 어두운 곳에서 행동 차이가 있나요?
☐ 눈에 보이는 이상(흐릿함, 흔들림, 충혈 등)이 있나요?

2) 전신 증상 및 병력

☐ 고혈압, 당뇨, 신경계, 안과 질환을 진단받았나요?
☐ 눈을 비비거나, 바닥에 얼굴을 비비는 행동이 있었나요?
☐ 뛰어내리거나 계단을 오르내릴 때 머뭇거리나요?
☐ 방향 감각 상실이나 같은 방향으로 도는 모습이 있나요?

병원에서는 어떤 과정을 거치게 될까요?

병원에서는 눈 자체의 문제인지 먼저 확인해요. 안압 측정, 각막·수정체·망막의 상태를 세심히 살펴보고, 눈 속이 혼탁해 망막 관찰이 어려울 경우에는 망막 기능 검사를 통해 망막이 실제로 빛을 감지하고 있는지 평가하게 돼요. 이는 백내장 수술 가능성이나 시력 회복 여부를 판단하는 데 중요한 검사예요.

눈 자체의 큰 이상이 확인되지 않을 경우 시력 이상이 전신 건강 문제와 관련이 있는지를 확인해요. 혈압 측정과 함께 혈액검사를 통해 고혈압, 갑상선 기능 이상, 신장 질환 등 전신 질환의 유무를 점검해요.
눈과 전신 모두에서 뚜렷한 원인이 확인되지 않는데도 시야 문제가 지속된다면, MRI나 CT 검사를 통해 뇌 신경계에 염증, 종양, 출혈 등이 있는지를 살펴보게 돼요.

어떻게 치료하나요?

망막 질환이나 고혈압, 내분비 질환처럼 내과적인 원인은 약물 치료와 보조제를 통해 증상의 악화를 막거나 안정화를 도모해요. 초기 백내장은 항산화 보조제를 통해 관리가 가능하지만, 진행된 경우에는 수술이 필요할 수 있어요. 다만 수술 여부는 아이의 전신 건강과 나이, 눈 상태 등을 함께 고려해 결정해야 해요. 고혈압성 망막박리나 중추신경계 질환이 원인이라면 시력 저하가 급격히 나타날 수 있으므로, 이런 경우엔 지체 없이 병원을 찾아야 해요. 시력을 완전히 회복하지 못하더라도, 보호자가 해줄 수 있는 일들이 많아요. 집 안 가구의 위치를 고정해 동선을 익숙하게 유지해주고, 문턱에는 쿠션을 깔아 부딪힘을 줄여 주세요. 바닥에 미끄럼 방지 러그를 깔아주고, 아이가 놀라지 않도록 목소리로 자주 불러주는 것도 좋아요. 시야 건강을 위한 영양제나 보조제도 도움이 될 수 있으니 수의사와 상담 후 함께 활용해보시면 좋아요.

귀가 불편해 보여요

귀 안쪽에 냄새가 심하지 않은 약간의 황갈색 귀지는 정상일 수도 있어요. 특히 털이 많은 견종이거나 습한 환경에서 생활하는 경우, 귀지 분비가 더 많아질 수 있어요. 목욕 후 귀가 젖어 일시적으로 불편해 보이더라도, 시간이 지나면서 자연스럽게 호전된다면 너무 걱정하지 않아도 괜찮아요. 다만, 이때는 조금 더 주의 깊게 관찰해 주는 것이 좋아요.

하지만 귀가 평소보다 붉게 붓고, 분비물이 많아지며 자꾸 긁거나 고개를 흔드는 행동이 보인다면, 귀에 이상이 생겼을 가능성을 염두에 두어야 해요. 외이염, 중이염, 또는 내이염 같은 귀 질환을 의심해보는 것이 필요해요.

⚠ 이런 경우라면 귀 질병을 의심해보세요.

☐ 귀가 붉게 충혈되거나 부어 있어요.
☐ 귀에서 냄새가 나거나 분비물이 보여요.
☐ 귀를 자주 긁거나 벽에 문지르는 행동을 해요.
☐ 고개를 한쪽으로 기울이거나 자주 흔들어요.
☐ 귀를 만졌을 때 아파하거나 예민하게 반응해요.

귀 질병의 원인은 무엇일까요?

1) 감염성 질환

세균 감염이 있을 땐 노란 분비물과 고약한 냄새가 나고, 곰팡이의 일종인 말라세지아 감염은 귀지가 짙은 갈색을 띠며 강한 가려움이 동반되죠. 특히 구조된 아이나 어린 고양이에게서는 진드기 감염도 흔하게 나타날 수 있어요.

2) 알레르기 및 피부 질환

음식이나 환경에 대한 알레르기 반응으로 귀에 염증이 생기기도 해요. 아토피 피부염이 있는 아이들은 귀에도 증상이 나타나는 경우가 많아 꾸준한 관리가 필요해요.

3) 이물질이나 구조적인 문제

귀가 늘어져 통풍이 잘 안 되거나 고온다습한 환경에 자주 노출되면 염증이 쉽게 발생할 수 있어요. 또 산책 중에 풀씨나 먼지가 귀 안으로 들어가거나, 드물게는 귀 안쪽에 종양이나 폴립이 생겨 문제가 될 수도 있어요.

4) 전신 질환

귀에 반복적으로 염증이 생긴다면 피부 면역력을 떨어뜨리는 갑상샘 기능 저하증이나 쿠싱증후군 같은 전신 질환도 고려해봐야 해요.

병원 내원 전, 무엇을 살펴보면 좋을까요?

진료 전에 아래 내용을 정리해두면 아이의 상태를 더 정확히 전달할 수 있어요.

1) 귀 관련 증상

☐ 증상이 시작된 시점은 언제인가요?
☐ 귀의 어느 쪽(왼쪽/오른쪽/양쪽)에 문제가 있나요?
☐ 귀에서 냄새가 나거나 분비물이 나오나요?
☐ 귀를 만지면 아파하거나 예민해하나요?
☐ 귀를 긁거나 고개를 흔드는 빈도는 어떤가요?

2) 전신 상태 및 환경 변화

☐ 균형을 잘 못 잡거나 고개를 한쪽으로 기울이고 있나요?
☐ 식욕이나 기력에 변화가 있나요?
☐ 특정 음식 섭취 후 증상이 심해졌나요?
☐ 피부나 발바닥 등 다른 부위도 가려워하나요?
☐ 평소 알레르기 병력이 있었나요?

☐ 귀 주변을 부드럽게 닦아주세요

젖은 수건으로 귀 바깥쪽만 가볍게 닦아주세요. 귀 깊숙한 곳까지 면봉이나 도구를 넣는 건 상처를 유발할 수 있어요.

☐ **수영과 목욕은 잠시 쉬어주세요**

만약 물놀이 이후 증상이 시작됐다면, 귀가 마를 때까지는 물 접촉을 줄여주는 게 좋아요.

☐ **식단 변화는 꼭 기록해주세요**

최근 바꾼 사료나 간식이 있다면 메모해두면, 알레르기 감별에 도움이 될 수 있어요.

병원에서는 어떤 과정을 거치게 될까요?

진료실에서는 검이경으로 귀 안을 직접 관찰하고, 분비물을 채취해 현미경으로 세균, 곰팡이, 진드기 등을 확인해요. 필요하다면 귀지 배양 검사를 통해 정확한 원인균을 확인할 수도 있어요.

만약 고개 기울임이나 균형 장애, 안면 신경 이상 같은 신경 증상이 함께 보인다면, 중이나 내이염을 의심해 CT 또는 MRI 촬영이 필요할 수 있어요. 참고로 방사선 촬영은 귀의 깊은 구조를 보는 데 한계가 있어, 보다 정밀한 평가에는 적합하지 않아요.

어떻게 치료하나요?

대부분의 귀 질환은 내과적 치료로 잘 조절돼요. 감염이 확인되면 원인에 맞는 귀약을 점적하고, 필요에 따라 경구 항생제나 소염제를 함께 처방하기도 해요. 귀 세정은 반드시 수의사의 지시에 따라 진행해야 하며, 보호자가 임의로 약을 사용하면 오히려 상태가 악화될 수 있어요.

만약 염증이 반복되거나 귀 안에 폴립, 이물, 종양 등이 있다면 외과적 처치가 필요할 수 있어요. 특히 염증이 고막 너머 귓속 깊은 부위까지 퍼졌다면, 수술적인 접근이 필요할 수도 있답니다.

PART 9
피부

★ 즉시 병원에 가야 하는 응급 증상

☑ 피부에 붉은 발진이 갑자기 넓게 퍼지는 경우
☑ 피부가 벗겨지거나 진물이 나는 경우
☑ 화상이나 열상이 의심되는 경우
☑ 극심한 가려움을 호소하는 경우
☑ 눈, 입, 목, 항문 등 점막 부위가 갑자기 붓는 경우
☑ 호흡 곤란, 구토, 설사 같은 전신 증상이 동반되는 경우

⚠ 주의해서 관찰해야 할 증상

☑ 국소적인 탈모, 발진이 있지만 불편해 보이지 않는 경우
☑ 반복적으로 긁고 핥지만, 눈에 띄는 병변은 없는 경우
☑ 피부가 건조해지며 비듬이 늘어난 경우

이런 증상들은 우리 아이가 피부에 불편함을 느끼고 있다는 신호일 수 있어요. 최근 사료, 간식, 생활환경에 변화가 있었는지를 먼저 확인해보세요. 피부 자극이 경미한 경우에는 약산성의 저자극 샴푸로 목욕해주고, 산책 후 발을 잘 닦아준 다음 보습제를 바르는 것만으로도 호전되는 경우가 많아요. 침구를 자주 세탁하고, 실내 습도를 40~60%로 유지해주는 것도 도움이 돼요. 아이와 충분히 놀아주며 스트레스를 줄이는 것 역시 피부 건강에 긍정적인 영향을 줘요. 하지만 이런 증상이 며칠 이상 지속되거나 점점 심해진다면, 반드시 병원에서 진단을 받아보셔야 해요.

우리 아이의 피부, 어떻게 작동할까?

"강아지가 계속 긁는데, 피부병일까요?" "고양이 털이 너무 많이 빠져요. 왜 그럴까요?" 이런 고민, 한 번쯤 해보셨죠? 피부는 단순히 반려동물의 몸을 감싸는 얇은 막이 아니에요. 외부 자극으로부터 몸을 보호하고, 체온을 조절하며, 감각을 전달하고, 면역 기능까지 담당하는 아주 중요한 기관이에요.

반려동물은 온몸이 털로 덮여 있어서, 피부 이상이 생기면 털 빠짐, 비듬, 발적, 습진, 긁기나 핥기 같은 다양한 형태로 나타날 수 있어요. 피부는 표피, 진피, 피하조직의 세 층으로 이루어져 있고, 그 안에는 털, 피지선, 땀샘, 면역세포, 발바닥 패드, 발톱 등 다양한 구조가 함께 작동하면서 피부 건강을 지켜주고 있어요. 마치 세 겹으로 된 옷처럼, 각각의 층이 제 역할을 하며 아이를 보호하고 있는 거랍니다.

1. 표피와 털 – 외부 자극을 막아주는 방어막

피부의 가장 바깥층인 표피는 외부 세균이나 바이러스가 몸 안으로 침투하는 것을 막고, 수분이 빠져나가지 않도록 지켜주는 방어막 역할을 해요. 털이 자라나는 모낭은 표피에서 시작되어 진피층까지 이어져 있어요. 이 층이 손상되면 피부가 건조해지고 갈라지면서, 염증이나 감염이 생기기 쉬워요. 강아지들은 겉털과 속털이 함께 있는 이중모를 가진 품종이 많고, 계절 변화에 따라 털갈이가 뚜렷하게 나타나요. 고양이는 스스로 그루밍을 하며 피부를 관리하는데, 그루밍 양이 갑자기 늘거나 줄면 스트레스나 건강 이상이 있을 수 있어요. 털이 많이 빠진다면 단순한 털갈이인지, 알레르기나 호르몬 문제, 혹은 심리적인 원인인지 관찰이 필요해요.

2. 진피와 피지선 - 탄력과 감각을 담당하는 중심층

진피는 표피 아래 위치한 층으로, 혈관, 신경, 피지선, 땀샘, 면역세포들이 모여 있어요. 이 층은 피부에 영양과 산소를 공급하고, 감각을 전달하며, 체온 조절과 면역 반응에 중요한 역할을 하지요.
그중 피지선은 피부를 촉촉하게 유지시켜 주는데, 피지가 너무 많으면 냄새가 심해질 수 있고, 너무 적으면 건조하고 각질이 일어날 수 있어요.
또한 강아지는 사람처럼 몸 전체에 땀샘이 분포해 있지 않아 땀을 통해 체온을 조절하지 못해요. 대부분의 땀샘은 발바닥에만 집중되어 있고, 체온 조절은 주로 헐떡임을 통해 이루어진답니다.

3. 피하조직 - 피부를 지지하고 보호하는 쿠션층

피부의 가장 아래층인 피하조직은 지방층으로 이루어져 있어요. 이 층은 피부를 부드럽게 움직이게 하고, 외부 충격을 흡수하며, 체온을 유지하고 에너지를 저장하는 역할을 해요.
피하조직이 약해지거나 손상되면 피부가 쉽게 멍들거나 찢어질 수 있고, 감염이 깊게 퍼지면 봉와직염 같은 심각한 염증으로 이어질 수도 있어요.

피부를 자꾸 긁고 핥아요

누구에게나 일시적인 가려움은 생길 수 있어요. 계절이 바뀌며 피부가 건조해지거나, 산책 후 먼지나 꽃가루가 피부에 닿았을 때, 혹은 목욕 후 피부가 당기는 느낌이 들 때처럼요. 이럴 때 잠깐 핥거나 긁는 정도의 행동은 자연스러운 반응일 수 있어요.

하지만 이런 행동이 반복되고, 털이 빠지거나 피부에 딱지, 붉은 자국, 냄새 같은 변화가 함께 보인다면, 이런 행동들 뒤에는 '피부 소양감'이라는 불편감이 숨어 있을 수 있어요. 소양감은 피부에 느껴지는 가렵고 불쾌한 감각을 뜻하며, 말을 할 수 없는 반려동물은 핥기나 긁기 같은 행동으로 이를 표현하지요.

⚠ 이런 경우라면 병적인 소양감을 의심해보세요.

☐ 특정 부위를 반복적으로 긁거나 핥아요.
☐ 털이 빠지면서 피부가 드러나요.
☐ 피부에 붉은 자국, 딱지, 진물이 보여요.
☐ 귀를 자주 털거나, 발을 집요하게 핥아요.
☐ 평소보다 몸에서 나는 냄새가 강해졌어요.

소양감의 원인은 무엇일까요?

1) 알레르기성 피부염
먼지, 꽃가루, 특정 음식, 세제 등 다양한 자극에 민감하게 반응해 발, 얼굴, 귀, 겨드랑이처럼 피부가 연약한 부위에 가려움이 심하게 나타나는 경우가 많아요.

2) 세균, 곰팡이, 외부 기생충 감염
벼룩, 진드기, 옴 진드기 같은 외부 기생충은 갑작스럽고 극심한 가려움을 유발할 수 있어요. 꼬리 주변이나 다리 사이, 배처럼 민감한 부위에 강하게 긁는 행동이 나타나죠. 피부가 약해진 부위에 세균이나 곰팡이가 감염되면 진물, 딱지, 악취, 원형 탈모 같은 변화가 함께 보일 수 있어요.

3) 호르몬 문제
갑상선 기능 저하증, 쿠싱처럼 내분비 질환이 있을 때 피부가 얇아지고 털이 빠지는 변화가 생겨요. 가려움은 직접적인 증상은 아니지만, 피부 장벽이 약해져 2차 감염이 발생하면 그로 인해 소양감이 생기기도 해요. 기력 저하, 식욕 변화, 복부 팽만 등 전신 증상이 동반되는 경우도 많아요.

병원 내원 전, 무엇을 살펴보면 좋을까요?

진료 전에 아래 내용을 정리해두면 아이의 상태를 더 정확히 전달할 수 있어요.

1. 피부 증상 관련 기록
☐ 언제부터 증상이 시작되었나요?
☐ 주로 긁거나 핥는 부위는 어디인가요?
☐ 딱지, 붉은 자국, 진물, 탈모 등의 변화가 있었나요?
☐ 긁을 때 통증 반응을 보이나요?

2. 전신 상태 및 동반 증상
☐ 식욕이나 체중에 변화가 있었나요?
☐ 기력이 떨어지거나 무기력해 보이나요?
☐ 귀를 자주 털거나 귀 안이 붉어 보이나요?

3. 식이 및 환경 변화 확인
☐ 최근에 새로운 사료나 간식을 급여했나요?
☐ 외부 자극(풀, 화학물질 등)에 노출된 적이 있나요?
☐ 같은 공간의 다른 동물도 비슷한 증상을 보이나요?
☐ 이사, 보호자의 부재 등 환경 변화가 있었나요?

병원에서는 어떤 과정을 거치게 될까요?

피부 문제는 겉으로 보이는 증상만으로는 원인을 단정하기 어려워요. 그래서 병원에서는 부담이 적은 검사부터 단계적으로 진행하게 돼요.
먼저 피부를 가볍게 긁어 현미경으로 관찰하는 스크래핑 검사, 피부 표면을 테이프로 떼어내 관찰하는 테이프 검사, 곰팡이나 세균 감염을 확인하는 배양 검사 등을 통해 감염 여부를 살펴보게 돼요. 필요에 따라 혈액 검사로 염증 수치나 호르몬 상태를 확인할 수도 있어요.

원인이 명확하지 않거나 증상이 반복된다면 알레르기 항원 검사나 특정 사료만 먹이며 알레르기 반응을 확인하는 식이 제한 시험 같은 정밀 검사를 진행하기도 해요. 다만 항원 검사는 결과 해석이 복잡할 수 있어, 반드시 임상 증상과 함께 판단해야 해요.
검사와 동시에 약물 치료를 시작해 증상 반응을 살피는 경우도 많은데요, 이런 반응은 이후 치료 방향을 결정하는 데 중요한 힌트가 되기도 해요.

어떻게 치료하나요?

피부 질환은 단기 치료보다는 꾸준한 관리와 생활환경 조절이 함께 이루어져야 좋은 결과를 기대할 수 있어요.
감염이 확인되면 항생제나 항진균제를, 알레르기나 염증에는 스테로이드제, 항히스타민제, 아포퀠 등이 처방될 수 있어요.

연고나 약용 샴푸는 피부를 진정시키는 데 도움이 되고, 식이 알레르기가 의심될 경우엔 단일 단백질 사료나 처방식을 통한 식이 제한이 필요할 수 있어요. 만성적으로 증상이 반복된다면 면역 조절제나 장기적인 관리 계획이 필요한 경우도 있어요.

무엇보다 중요한 건 보호자님의 지속적인 관찰과 기록이에요. 언제 증상이 악화되었는지, 어떤 치료에 반응했는지를 메모해 두시면, 이후 진료와 맞춤 치료 계획 수립에 큰 도움이 된답니다.

털이 너무 많이 빠져요

봄·가을철처럼 계절이 바뀌는 시기엔 반려동물도 자연스러운 털갈이를 겪어요. 일시적인 털갈이는 피부에 특별한 이상 없이 전반적인 털 상태가 건강하게 유지되며 시간이 지나면서 자연스럽게 회복돼요.

반면, 이전보다 털 빠짐이 현저히 늘어나거나, 빠진 부위에 피부 변화가 함께 보인다면 단순한 털갈이로 보기 어려울 수 있어요. 특히 피부가 드러날 정도로 털이 빠지거나, 아이가 계속 긁거나 핥는다면 건강상의 문제를 의심해봐야 해요. 각질, 진물, 딱지 등이 함께 나타나거나, 탈모가 특정 부위에 집중되거나 양쪽이 대칭적으로 빠지는 경우라면 병원 진료가 꼭 필요해요.

⚠ 이런 경우라면 병적인 탈모를 의심해보세요.

☐ 털이 뭉텅이로 빠지며 피부가 드러나요.
☐ 긁거나 핥는 행동이 유독 많아졌어요.
☐ 피부에 붉은기, 각질, 진물, 딱지가 보여요.
☐ 털 빠짐이 특정 부위에 집중되거나 대칭적이에요.

탈모의 원인은 무엇일까요?

1) 피부 질환

곰곰팡이, 세균, 진드기에 의한 감염은 탈모와 함께 피부가 붉어지거나 각질, 진물, 딱지가 생기기도 해요. 감염원에 따라 가려움의 정도가 다를 수 있으며, 가려움이 심한 경우에는 아이가 피부를 지속적으로 긁거나 핥아 피부 손상이 심해질 수 있어요.

2) 호르몬 질환

갑상샘 기능 저하증이나 부신피질기능항진증처럼 호르몬 균형에 이상이 생기면 배, 옆구리, 꼬리 부근 등에 대칭적인 탈모가 나타날 수 있어요. 피부가 얇아지거나 여드름처럼 솟아오르는 변화, 멍이 잘 드는 증상도 함께 보일 수 있답니다.

3) 면역 질환

음식, 환경, 접촉 물질에 대한 알레르기 반응은 강한 가려움과 함께 탈모를 유발할 수 있어요. 음식 알레르기는 비교적 드물지만, 아토피 피부염은 흔히 나타나는 면역 질환이에요. 아이가 반복적으로 핥거나 물어뜯는 행동을 보인다면 의심해볼 수 있어요.

4) 영양 결핍과 스트레스

단백질, 필수 지방산, 아연 등의 영양소가 부족하면 피부가 거칠어지고 털 빠짐이 심해질 수 있어요. 특히 성장기, 노령기, 질병 회복기에는 영양 상태가 털 건강에 큰 영향을 줘요. 또 입양, 이사, 가족 구성원 변화 같은 환경적 스트레스도 피부 상태를 악화시켜 탈모를 유발할 수 있어요.

병원 내원 전, 무엇을 살펴보면 좋을까요?

진료 전에 아래 내용을 정리해두면 아이의 상태를 더 정확히 전달할 수 있어요.

1) 탈모 관련 증상

☐ 언제부터 털이 빠지기 시작했나요?
☐ 털 빠짐이 특정 부위에 집중되나요?
☐ 피부에 붉음, 각질, 진물 같은 변화가 있나요?
☐ 반려동물이 많이 긁거나 핥는 부위가 있나요?

2) 전신 상태 및 동반 증상

☐ 식욕, 기력, 체중에 변화가 있나요?
☐ 물을 마시는 양이나 배변 습관이 변화가 있나요?
☐ 현재 복용 중인 약물이나 보조제가 있나요?
☐ 최근에 스트레스를 받을 만한 변화가 있었나요?

병원에서는 어떤 과정을 거치게 될까요?

내원하면 먼저 피부 상태와 탈모 부위를 자세히 관찰해요. 탈모의 범위, 형태, 피부의 색 변화나 각질, 진물 유무 등을 확인한 뒤, 원인에 따라 필요한 검사를 단계적으로 진행하게 됩니다.

먼저 피부 스크래핑 검사를 통해 진드기나 곰팡이 감염 여부를 살펴보고, 털 모근 검사로 털의 성장 주기와 탈모 패턴을 평가해요. 피부 배양 검사를 통해 세균이나 진균의 종류를 확인하고, 그에 따라 적절한 약제를 선택하게 됩니다.

호르몬 질환이나 면역 이상이 의심될 경우에는 혈액 검사로 갑상샘 기능, 부신 기능, 염증 지표 등을 확인해요. 알레르기 가능성이 있다면 환경 또는 음식 알레르기 검사를 진행하고, 특히 음식 알레르기가 의심될 경우에는 제한 식이 시험을 통해 진단을 시도해요. 이 시험은 일정 기간 동안 단일 단백질 식단만 급여하면서 증상 변화를 관찰하는 방식이에요.

어떻게 치료하나요?

피부 감염이 원인이라면, 감염 종류에 따라 항진균제, 항생제, 구충제 등을 사용하고, 필요 시 치료용 샴푸도 함께 사용해요. 알레르기 반응이 원인이라면 유발 요인을 최소화하는 환경을 만들어주는 것이 가장 중요해요. 증상이 심할 경우에는 항히스타민제나 면역조절제를 병용하기도 해요.

호르몬 질환인 경우에는 결핍된 호르몬을 보충하거나 과잉 분비를 억제하는 약물을 꾸준히 투약하고, 정기적인 혈액검사로 모니터링을 이어가야 해요. 영양 불균형이나 스트레스가 주요 원인이라면, 단백질·오메가-3 지방산·아연 등의 영양소를 충분히 공급해주고, 생활환경을 안정적으로 조성해주는 것이 중요해요. 또한 아이가 반복적으로 긁거나 핥는 행동은 피부에 2차 손상을 유발할 수 있으므로, 넥카라나 보호복 등을 이용해 자극을 줄여주는 것도 도움이 돼요.

피부에 멍이 생겼어요

"혹시 내가 모르는 사이에 다친 건 아닐까?" 별다른 외상이 없었는데도 반려동물의 피부에 붉거나 보랏빛 반점이 생겼다면, 보호자라면 누구나 깜짝 놀라고 걱정이 앞서게 돼요.

이런 피부 아래의 붉은 반점을 '피하출혈'이라고 불러요. 피부 아래의 작은 혈관이 터지면서 생긴 미세한 출혈이지요. 강한 압박이나 순간적인 충격으로 생기기도 하며, 대부분은 통증 없이 저절로 흡수되어 사라져요.

하지만 특별한 외상이 없었음에도 이런 반점이 반복되거나 점점 커지고, 무기력, 식욕 저하, 코피, 잇몸 출혈 같은 다른 증상까지 동반된다면 응고장애가 생겼을 가능성도 있답니다.

⚠ 이런 경우라면 피하출혈을 의심해보세요.

☐ 피부 아래에 붉거나 보랏빛 반점이 생겼어요.
☐ 외상이나 다친 기억이 없는데 멍이 생겼어요.
☐ 반점이 점점 커지거나 개수가 늘어나요.
☐ 같은 부위에 반복적으로 나타나요.

피하출혈의 원인은 무엇일까요?

1) 혈소판 수 감소

혈소판은 출혈이 발생했을 때 그 부위를 막아주는 역할을 해요. 그런데 어떤 이유로 혈소판 수가 줄어들면, 아주 작은 충격에도 쉽게 멍이나 출혈이 생길 수 있어요. 이런 현상은 몸의 면역 체계가 실수로 혈소판을 공격하는 자가면역 질환이나 바이러스 감염, 진드기 매개 질환, 특정 약물 부작용 등 다양한 이유로 나타날 수 있어요.

2) 혈액 응고 기능 이상

혈소판 수는 정상이지만, 피를 멎게 해주는 단백질들(응고인자)이 제대로 작동하지 않으면 출혈이 생겨요. 이러한 응고 장애는 간 기능 저하, 비타민 K 부족, 또는 쥐약 같은 독성 물질 섭취가 원인일 수 있어요.

3) 혈관 벽의 약화

혈관 자체가 약해지면 쉽게 출혈이 생길 수 있어요. 고열, 전신 염증, 전염성 질환 등으로 혈관 벽이 손상되면 피하출혈이 생기고, 이때는 창백한 점막, 황달, 전신 쇠약감 같은 증상이 함께 나타날 수 있어요.

병원 내원 전, 무엇을 살펴보면 좋을까요?

진료 전에 아래 내용을 정리해두면 아이의 상태를 더 정확히 전달할 수 있어요.

1) 피하출혈의 상태
☐ 반점이 언제부터 어느 부위에 나타났나요?
☐ 반점의 크기나 개수에 변화가 있나요?
☐ 같은 부위에 반복적으로 생기나요?
☐ 외상이나 진드기에 물렸을 가능성은 없나요?

2) 전신 상태 및 동반 증상
☐ 식욕이나 활동량에 변화가 있었나요?
☐ 구강 점막이나 눈 흰자가 창백하거나 노랗게 변했나요?
☐ 코피, 잇몸 출혈, 혈뇨, 혈변 등 출혈 증상이 있었나요?
☐ 현재 복용 중인 약물이 있나요?

병원에서는 어떤 과정을 거치게 될까요?

내원하면 우선 전신 상태와 출혈의 양상을 살피기 위해 기본 문진과 신체

검사를 진행해요. 다친 적이 있었는지, 약을 먹고 있는지, 이전에도 비슷한 증상이 있었는지 꼼꼼히 확인하지요.

이후에는 혈액 검사를 통해 혈소판 수, 빈혈 여부, 염증 수치를 확인하고, 혈액이 얼마나 잘 응고되는지를 보기 위한 응고 검사도 함께 이루어져요. 감염이 의심되는 경우에는 바이러스 검사나 진드기 매개 질환, 자가면역 관련 항체 검사도 필요할 수 있어요.

만약 일반 검사에서 뚜렷한 이상이 보이지 않거나, 혈액을 만드는 기능 자체에 문제가 의심된다면 골수 검사, 복부 초음파, 흉부 방사선 촬영 등을 통해 내부 출혈이나 종양의 가능성까지 살펴보게 돼요.

어떻게 치료하나요?

혈소판 수가 줄어든 경우라면, 면역 체계가 혈소판을 공격하지 않도록 조절해 주는 면역 억제 치료가 필요해요. 감염이 원인이라면 항생제나 기생충 약, 2차 감염을 방지하기 위한 보조 치료가 함께 사용돼요.

혈액 응고에 문제가 있을 경우, 간 기능을 보조하거나 비타민 K를 보충해 주는 치료가 필요하고, 쥐약 같은 독성 물질이 원인이라면 가능한 한 빠르게 해독 치료를 시작해야 해요.

종양이 혈관을 침범해 출혈이 생긴 경우라면, 수술로 종양을 제거하고 병리 검사 결과에 따라 항암 치료 등 추가적인 조치가 이어질 수 있어요.

출혈이 많거나 심한 빈혈이 동반된 경우에는 수액 요법이나 수혈을 통해 전신 상태를 안정시키는 것이 우선이에요. 회복을 돕기 위해 충분한 수분과 영양 공급, 스트레스를 줄여 주는 환경 조성도 함께 중요하고요. 항산화제나 오메가-3 같은 보조제는 도움이 될 수 있지만, 반드시 수의사와 상담한 후 사용하는 것이 안전해요.

몸에 혹이 만져져요

피부 속에 각질이나 피지가 쌓여 생긴 '피부낭종'이나, 지방이 축적되어 생긴 '지방종'처럼 건강에 큰 영향을 주지 않는 혹도 있어요. 이런 혹들은 대부분 통증이 없고, 오랜 시간 동안 크기 변화 없이 유지되기도 하지요.

하지만 겉모습만으로는 이 혹이 단순한 물혹인지 염증성 변화인지, 아니면 종양과 같은 병적인 변화인지 구분하기 어려워요. 만져지는 감촉이나 모양만으로는 정확히 알 수 없고, 겉보기엔 양성처럼 보여도 때로는 악성 종양이 숨어 있을 수도 있기 때문이에요. 그래서 혹이 만져진다면 병원에서 확인해 보시는 것이 안전합니다.

⚠ 이런 경우라면 혹을 의심해보세요.

☐ 피부 아래로 딱딱하거나 말랑한 덩어리가 만져져요.
☐ 혹의 크기가 점점 커져요.
☐ 혹 주변 피부가 붉게 변하거나, 진물 또는 피가 나요.
☐ 덩어리를 만졌을 때 통증 반응을 보여요.

혹의 종류에는 어떤 것이 있을까요?

1) 양성종양

지방종과 유두종처럼 전이 가능성이 낮고 성장 속도가 느린 종양이에요. 대개 건강에 큰 영향을 주지 않지만, 계속 커지거나 불편함을 느끼면 제거가 필요해요.

2) 악성종양 (암)

딱딱하고 울퉁불퉁한 모양이며, 크기가 빠르게 커지거나 궤양, 출혈이 동반되는 경우 악성 종양일 가능성이 커요. 특히 유선암, 비만세포종 등은 림프절이나 장기로 전이될 수 있어 조기 진단이 매우 중요해요.

3) 염증성 종괴

상처를 통해 세균이 침투하면서 고름이 차고 부어오르는 경우예요. 통증, 열감, 전신 증상 등이 동반될 수 있으며, 항생제 치료 또는 고름 배출이 필요할 수 있어요.

병원 내원 전, 무엇을 살펴보면 좋을까요?

아이의 상태를 정확히 전달하기 위해 아래 내용을 정리해 주세요.

1) 혹 관련 상태

☐ 혹은 언제 처음 발견되었나요?
☐ 크기나 모양에 변화가 있었나요?
☐ 만졌을 때 단단한가요, 말랑한가요?
☐ 혹을 만질 때 통증 반응을 보이나요?
☐ 표면에 피, 진물, 궤양이 관찰되나요?

2) 전신 상태 및 동반증상

☐ 최근 체중, 식욕, 기력에 변화가 있었나요?
☐ 발열, 구토, 설사 등의 전신 증상이 동반되었나요?
☐ 다른 부위에서도 유사한 덩어리가 만져지나요?

병원에서는 어떤 과정을 거치게 될까요?

병원에 내원하면 먼저 신체검사를 통해 혹의 크기, 단단함, 유동성, 통증 유무를 확인해요. 혹이 피부에만 국한되어 있는지, 더 깊은 조직과 연결되어 있는지, 그리고 주변 조직과의 경계가 뚜렷한지도 함께 살펴보게 돼요. 이후 세포 검사를 시행할 수 있어요. 가는 주사 바늘로 혹에서 세포를 소량 채취한 뒤 현미경으로 관찰하는 검사로 비교적 간편하고 통증도 적은 편이에요. 초기 감별에 유용하지만, 일부 종양에서는 세포가 명확하게 관찰되지 않거나 염증에 가려져 정확한 판별이 어려울 수 있어요. 이럴 땐 좀 더 정밀한 조직 검사가 필요해요.

조직 검사는 혹을 수술로 제거하거나, 그중 일부를 채취해 병리 검사로 보내 종양의 종류, 악성도, 침윤 정도 등을 평가하는 과정이에요. 유선종양, 섬유육종 등에서는 치료 계획을 세우는 데 꼭 필요해요.

초음파나 방사선 촬영을 통해 위치와 크기, 전이 여부를 평가하고, 필요에 따라 CT나 MRI 같은 정밀 영상 장비를 활용해 혹의 위치나 전이 여부를 확인하기도 해요. 또한, 혈액 검사를 통해 전신 건강 상태를 파악하고, 마취 가능 여부나 향후 항암 치료를 위한 기초 자료로 삼기도 해요.

어떻게 치료하나요?

혹이 단순 염증성 병변이라면, 항생제나 소염제를 사용해 염증을 가라앉히고 고름을 배출하는 방식으로 치료가 가능해요. 하지만 종양이 의심되거나, 약물 치료만으로 호전되지 않는 경우라면 외과적 제거가 필요할 수 있어요.

제거된 조직은 병리 검사를 통해 정확히 진단하고, 필요 시 항암 치료나 방사선 치료 등의 보조 치료를 병행하게 돼요. 예를 들어 림프종, 고등급 비만세포종, 골육종 등은 수술만으로 재발 위험이 높기 때문에, 남아 있을 수 있는 종양 세포를 억제하기 위해 추가 치료가 중요해요. 항암 치료는 종양의 종류와 진행 정도에 따라 기대 여명이 달라질 수 있지만, 아이의 통증을 줄이고 삶의 질을 지켜주는 데 중요한 역할을 해요.

응급 상황은 흔하지 않지만, 혹이 갑자기 터지면서 출혈이 생기거나, 목·가슴 부위의 혹이 커져 호흡 곤란이나 통증을 유발한다면 즉시 병원에 내원하셔야 해요. 혹이 터졌을 때는 절대 집에서 짜거나 자극하지 마시고, 가능한 한 빠르게 동물 병원을 방문해주세요.

똑소리 나는 보호자의 응급 체크포인트
© 안은진, 2025

초판 1쇄 발행 | 2025년 8월 22일

저　　자 | 안은진
발행처 | 이상한빛
ISBN | 979-11-990749-1-0
메　　일 | aejchina@naver.com
S N S | @ddokdidak_vet

- 가격은 뒤표지에 있습니다.
- 이 책 내용의 전부 또는 일부를 이용하려면 반드시 저작자와 출판사의 동의를 받아야 합니다.
- 파본은 구입하신 서점에서 교환해 드립니다.